愛

未完———

待續

柒個先生———

著

童話小劇場 I

———

因為喜歡，可迎萬難

① 小兔子生日的時候，
   小刺蝟給他準備了胡
   蘿蔔蛋糕。

② 長頸鹿生日的時候，小刺蝟給他準備了合歡樹葉蛋糕。

③ 大金毛生日的時候，小刺蝟給他準備了咬咬球套裝。

走，帶你去個地方。

④　小刺蝟生日的時候，沒有任何夥伴記得。
　　他蹲在地上難過地哭，旁邊的仙人掌説，走，帶你去個地方。

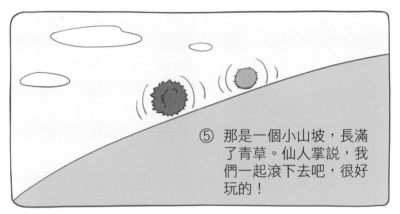

⑤　那是一個小山坡，長滿
　　了青草。仙人掌説，我
　　們一起滾下去吧，很好
　　玩的！

⑥　小刺蝟捲成球，他們一起滾了下去，滾啊滾，滾啊滾，滾到小山坡
　　底下，全身紮滿了各種好吃的水果，仙人掌笑著説，生日快樂！

生日快樂！

⑦　你努力討好別人，別人還害怕你紮到他呢，擠不進去的世界不必強
　　求，這世上仍會有一個人，懂你。

① 一隻大灰狼在奮力追一隻小綿羊，眼看著小綿羊已經沒有路可以跑了，小綿羊絕望了，突然停下來，回過頭，看著大灰狼。

要殺要剮，隨你便，我決不投降。

驚不驚喜，意不意外？

② 大灰狼嘿嘿地笑著，慢慢地走到小綿羊面前。

③ 大灰狼突然撲上前，親了小綿羊一口。

你能不能痛快點？

才不呢，我要一天親你一口，嚇死你！

④ 愛是一種折磨，你要學會自得其樂。

① 窗臺上有一隻蟬，在噹噹噹地敲著窗戶。

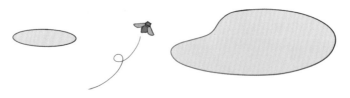

② 唱完歌，他就飛走了。

我以為那不過是夏天中最平常的一天，對於他來說，那卻是一生一次的告別，他自己準備了儀式，我卻忘記問他，明天，你還來嗎？

有些人早已準備好了告別，只是我們不知道而已。

你仍在開心地計畫要去哪裡旅行，可是他卻偷偷想著分手該找什麼理由。

告別是一個人的事，另一個人只能被動接受。

你從哪裡來？

我來自義大利。

① 冰箱裡，新來了一袋麵條。

② 麵條看了看青花菜，那可是常常跟牛排搭配的青花菜啊！他不甘示弱地說，我來自義大利。

③ 然後他滔滔不絕地講義大利的趣事，講完以後，偷偷地呼出一口氣，幸虧當時在集裝箱車上跟義大利麵醬一起，偷聽了他們的聊天。冰箱裡的其他蔬菜，都紛紛投以羨慕的目光。

我們好像在哪裡見過？

④ 冰箱的角落裡有一個雞蛋。
   麵條慢慢湊過去問，我們好像在哪裡見過？雞蛋愣了愣。

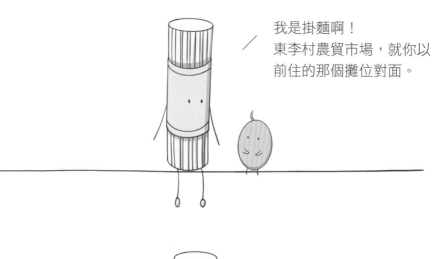

我是掛麵啊！
東李村農貿市場，就你以
前住的那個攤位對面。

⑤ 雞蛋開心地抱了抱掛麵。

⑥ 冰箱外傳來對話的聲音。

「老婆，晚上吃什麼啊？」
「煮個雞蛋湯麵吧！」

⑦ 我所有的偽裝都是
因為對這個世界的
防備，若面前是
你，我就不怕與世
界為敵。

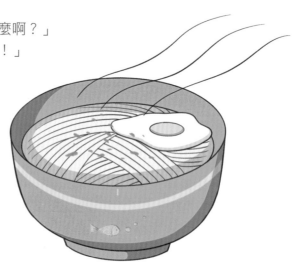

① 冰箱裡一塊生薑已經奄奄一息了，他已經好久沒
參與任何烹調了，身體越來越乾癟。

我會不會被丟掉啊？

不會的。

② 他說，可是我……害怕。

我害怕。

③ 冰箱的門被打開了，生薑被拿
出來，切成了絲，被做成了一
大杯薑絲可樂。

④ 男孩捧著杯子，遞給了女孩。
女孩又打了一個噴嚏。

快點喝，小心
別感冒了。

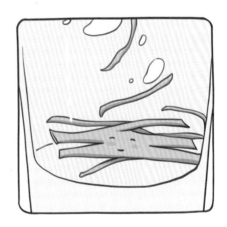

⑤ 那一刻生薑特別開心，因為，他有了新任務，要保護好女主人。
永遠不要放棄自己，或許下一秒就春暖花開。

① 小白兔先生要跟小白兔小姐求婚，他準備
　了好多的禮物。可是路上，他碰到哭泣的
　小孩，於是他把氣球給了小孩，小孩笑了。

② 他碰到餓壞了的小貓，於是把鮮肉餅給了小貓，小貓吃飽，笑了。

③ 他碰到了吵架的小狐狸夫婦，於是把鮮花給了他們，他們笑了。

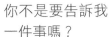
你不是要告訴我
一件事嗎？

④ 他看見了小白兔
　　小姐，可是兩手
　　空空了。

⑤ 小白兔先生看著小白兔小姐，説不出來話，不知道該怎麼辦？
　　他看到小白兔小姐正在啃一根胡蘿蔔，
　　於是他拿過胡蘿蔔，啃成一只戒指。

你看，天氣這麼好，
不如，我們結婚吧！

⑥ 身後突然響起了叫喊聲。小白兔先生嚇了一大跳。
　　小孩手裡牽著一隻氣球，氣球上寫著：我愛你。
　　小貓拎著一大盒魚乾，盒子上寫著：我愛你。
　　狐狸夫婦提著一籃子堅果，籃子上寫著：我愛你。

　　你的善良，自帶光芒。

① 我一直覺得，對另一個人好是來自天性，不是長大過程中學會的禮儀。比如說話溫柔、記住每個節日給她買禮物、生病的時候說注意身體、難過的時候陪她說話，懂得什麼時候製造浪漫，知道怎麼打開一瓶紅酒、點燃一根蠟燭。相愛，該是讓那個愛的人見過你所有的樣子。

② 見過那個約會的時候，漂亮得無懈可擊的你。

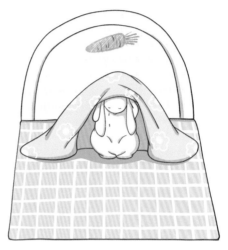

③ 也見過頹廢難過、不堪一擊的你。

④ 見過睿智聰明的你。

⑤ 也見過傻起來一本正經、可愛的你。

⑥ 見過安靜如一
　朵花開的你。

⑧ 見過生氣如浪潮洶湧的你。

⑦ 見過在工作面前乾淨
　俐落、果決的你。

⑨ 也見過在生活面前委屈猶豫、
　拖泥帶水的你。

⑩ 我深愛的那個人，不是男神或者女神，原來，他或她跟我一樣，是普通人，
　會疲憊、會難過、會需要人陪伴；他／她，也有情緒、也有脾氣、也有天真。
　所以，我們相愛吧！

「未完待續」，
原是最美的期待

有一天我跟老婆說，我要出版一本書，妳幫我寫篇序吧。

於是，老婆安靜地坐在電腦前冥思苦想，最後笑顏逐開。我滿懷期待的結果竟是 Word 檔中的四個字：未完待續。

我說，妳好歹也誇我兩句，就這四個字，放我新書第一頁？

老婆說：「未完待續，你不覺得這是世界上最美的詞語嗎？所有的故事，結局是否遺憾、或是皆大歡喜，其實都不重要，而未完待續，就是尚有期待。所以，我們會原諒不辭而別；我們會理解不歡而散；我們對分道揚鑣釋懷，它總是帶著意猶未盡的感覺，讓我對明天充滿期待，多美啊。當下什麼都不重要，不管是吃苦或舔糖，不都還有明天嗎？未完待續……」

我說雖然聽起來是鬼扯，但好像還挺美，讓我想起日本村上春樹小說《挪威的森林》裡的一個片段，渡邊說很喜歡綠子，像喜歡春天的熊。春天的原野裡，一隻可愛的小熊走過來跟你說：「妳好，小姐，和我一塊打滾玩好嗎？」接著，你和小熊抱在一

起，順著長滿三葉草的山坡咕嚕咕嚕滾下去，玩了一整天，你說棒不棒？

老婆笑說：「你是想說喜歡我，也像喜歡春天的小熊一樣嗎？」

我說：「不，我的意思是：妳給我滾犢子。（編注：犢子一般是指小牛。「滾犢子」是東北方言，意思是叫人躲開、閃遠點的意思）妳不覺得『滾犢子』也是很美的詞嗎？一個天真可愛的熊犢子，牠無憂無慮地滾了一天，玩得多開心呀。」

老婆說：「你剛才說什麼？我沒聽清楚。」

我說：「我喜歡妳，像喜歡春天的熊。」

老婆很開心地鬆開了擰我耳朵的右手，又鬆開了鎖喉的左胳膊，像一個婉約嬌羞的女子。老舍在《駱駝樣子》書裡說過：「一個女子的臉紅勝過一大片話。」

老婆問我什麼是春天的熊？

我說：「冬眠剛醒來，很餓吧，逮誰咬誰。」老婆又笑了。

那天的畫面真美好，讓我想起一首兒歌：「兩隻小熊，跑得快，跑得快，一隻沒有耳朵，一隻沒有拖鞋，真奇怪，真奇怪。」

這些年我一直遵循的婚姻之道就是，**只要我跑得夠快，老婆的拖鞋就追不上我。**

有一天，我帶兒子去超市買東西，一進門口，就聞到噴香的烤麵包味道，兒子看看櫥窗裡漂亮的蛋糕再看看我，問：「爸爸，

今天給媽媽過個生日，不過分吧？」我吞了口水說：「不過分。」

然後，兒子看見花，就問店員哪一種花是適合買給媽媽的？

店員給他拿了一小束康乃馨。

那一瞬間，我隱約覺得不對，又不知道哪裡不對，我也趕緊拿了一小束玫瑰，直到回到家，兒子拿著花唱生日歌，我才突然意識到，父子之間現在也內卷了嗎？（編注：「內卷」是大陸流行語，意思是過度競爭，和躺平是相反詞）

哎，卷就卷吧，再卷能有草莓蛋糕卷嗎？

老婆一臉開心，人在家中坐，生日天上來。

原來人那麼容易開心，或許只是瞬間被想起，就高興著自己在對方心中具有分量和存在感。心裡的世界說大不大，想把它填滿，只用一個蛋糕居然就足以填滿，生日蠟燭點燃的那一刻，火光照滿了整個世界，歌聲充滿了整個世界。

當你知道，被愛著，那感覺就像是春天裡的熊了。

熬過一整個冬天，餓了，熊爸爸帶著熊媽媽和熊寶寶，準備出去找點蜂蜜吃。當牠們捅了馬蜂窩，馬蜂追著牠們跑，跑啊跑，咕嚕，咕嚕，咕嚕，小熊一家滾下了山坡。

儘管沒有吃到蜂蜜，但是，牽著手滾下山坡，躲過一劫，真的超級開心，開心到吃著路邊嫩嫩的青草，也覺得比蜂蜜甜。

熊爸爸問：「要不要再滾一次？」

熊寶寶和熊媽媽點點頭，然後，牠們玩了一整天。

哦，原來這就是愛啊，它讓你原諒了生命裡的苦難嗎？不是，是生活給予你重擊的一拳正好打在你的棉花糖上，你可以開心躲過鼻青臉腫，也可以盯著棉花糖上的那個洞，以為自己失去了很多，悶悶不樂，等著被哄。

「愛」最可愛之處，是給了你選擇的權利。

因為被愛著，所以有優先選擇的權利，所以有貪心的權利，所以有胡鬧的資格。

那天，蛋糕被切成三份，按理說，壽星理應有優先選擇權，可是，親情愛情在那麼漂亮又美味的蛋糕面前，沒有什麼道理可言，必須石頭剪刀布，贏的先挑。當然，被愛著的那個，總有點特權吧，所以，老婆可以比我跟兒子晚兩秒鐘出手。

她一下贏得兩個男人的愛，會開心很久很久吧！？

不過我也沒有輸，至少那一天，我知道了一個冷知識，吻是草莓蛋糕卷的味道。

我知道還有下一個吻，只是不知道在哪一天，是什麼味道。

這種未完待續，真的很美妙。

目錄

· · ·

你疲憊不堪時，
仍想對一個人笑，
那才叫婚姻

1
...

我認識一對特別有趣的夫妻，男的叫大軍，女的叫蓓蓓，他們家有五條家規：

第一條，早晨上班，較晚出門的要給先出門的一個吻；晚上下班，先回家的要給晚回家的一個抱抱。

第二條，如果吵架了，當晚必須抱著睡，錯的那個第二天做早餐，還要幫另一半擠牙膏。

第三條，不准把工作的壞情緒帶回家，不准在家裡談工作，如果非要談，出去找一個咖啡館談。

第四條，下班後早點回家吃飯。

第五條，覺得很重要的情話，要寫下來送給對方。

下班後的兩小時，真的對戀愛、對婚姻有很大的影響嗎？我想是的。

四年前，他們遭遇過婚姻危機，誰勸都沒用，鐵了心要離婚。當時他們經濟壓力很大，每天忙著加班，才新婚的夫婦，忙到把家當旅館，甚至好幾天都不碰面，一個早上出門了，另一個可能才加班剛回來；一個睡了，另一個可能加完班剛到家，明明住在同一個家裡，卻像是談異地戀。

有一天下班回家時，蓓蓓看到家裡一團糟，垃圾在門口堆積如山，水槽裡用過的鍋和碗都沒洗，沙發上髒衣服扔得亂七八糟，瞬間心都涼了，這就是他們沒日沒夜奮鬥想要的家嗎？

如果結婚只是背負房貸壓力的話，那要家幹嘛？這世上可遮風避雨的地方太多了。蓓蓓真是越想越委屈，而大軍正躺在沙發上呼呼睡大覺。她問大軍：「晚上吃什麼？」

大軍揉著眼睛，笑著說：「等妳回來做呢。」

蓓蓓忍不住發火了，大喊著說：「為什麼什麼事都等著我去做？你下樓扔個垃圾，不行嗎？你洗個碗，不行嗎？馬桶堵了也是我通。你已經結婚了，能不能長大點，像個男人，有點

責任感？我跟你談了這麼多年戀愛，不是為了給你當老媽子的。」

大軍說：「不做就不做，發這麼大的火幹嘛？我們還是點外賣吧。」

那天後來吵架升級，誰都沒有吃飯，各自生悶氣，鍋碗瓢盆摔了一地。他不知道她在工作上受了一肚子的委屈，她也不知道他連續一週加班，所以不小心在沙發上打個盹。

最後蓓蓓蹲下來一邊哭一邊收拾，手被鋒利的碎玻璃劃破了；大軍到樓下抽悶菸，嗆得咳嗽流淚。

2

...

他們約好離婚前再一起吃個晚飯。

那天，大軍下班早早回家，在樓下看到新開一家花店，他走進去問有沒有百合花？

店員推薦幾款花束，他挑選了一款，店員一邊包裝一邊笑著說：「送給老婆的吧？你老婆一定很幸福。」大軍尷尬地笑了笑。

花束包好，店員問大軍要寫張卡片嗎？大軍說：「算了。」

店員說：「還是寫一張吧，比起那些嘴上說完就忘的話，寫下來的更深刻動人。」

大軍想了想，在卡片上寫下幾句歌詞：「你可知道我，愛你

想你怨你念你，深情永不變」，……卡片上那幾句話，就停在逗號上。大軍沒有繼續寫下去，因為他仍想深情繼續，也因為這首歌是蓓蓓最喜歡的，她知道後面的歌詞。

回到家大軍敲門，蓓蓓手中拿著鍋鏟子幫他開門，看到一大束百合花，笑著問他：「幹嘛買這個？」

大軍笑著說：「樓下新開的花店在促銷。」蓓蓓也笑著說：「今晚我們吃酸菜魚。」

那一大碗酸菜魚端上桌，蓓蓓細心地挑了魚片，盛在小碗裡遞給大軍，大軍知道蓓蓓做這一碗酸菜魚有多費工，因為有次他吃魚卡到魚刺，後來蓓蓓做的魚裡就沒有刺了。但是，大軍有次親眼看見蓓蓓處理魚刺的時候，手指被扎到流血。

天底下哪有什麼歲月靜好的婚姻啊，不過是有人提前遭了罪。你愛魚肉鮮香，卻不想受魚骨穿喉。大雨傾盆，你可以疾馳於雨中，也可以撐傘擋雨。地上水流成了河，你若是喜歡在水裡玩耍，可也得記住，天黑前上岸回家。

3
• • •

吃了一口魚，大軍從臥室櫃子裡拿出來一個盒子，打開盒子，裡面有一疊各式各樣的小紙條，每個紙條上都寫著「欠條」

兩個字。

　　有張紙條上寫著：今天，欠蓓蓓一份多加肉的麻辣燙。落款的名字是大軍。

　　那年，他們交完房租，兩個人渾身上下湊不夠 10 塊錢，只好在一家超市裡買了 5 毛錢一個的餅坐在路邊啃，大軍問蓓蓓：「你想吃什麼？」蓓蓓說麻辣燙。

　　大軍問：「麻辣燙裡面要放什麼料？」

　　蓓蓓說：「放魚豆腐、牛肉丸、鑫鑫腸，我喜歡吃茼蒿，要多放點，還有培根肉。」

　　大軍問：「要不要加寬粉？」蓓蓓說要。

　　大軍問腐竹、蒟蒻、豆皮要不要？蓓蓓說要呢，要呢！

　　說完，蓓蓓大口大口地咬著手裡的餅，大軍也啃著手裡的餅。然後，他從背包裡的筆記本上撕下一張紙說，等我有錢了，一定請妳吃大份麻辣燙，肉隨妳放。然後，他寫了這張欠條。

　　那天蓓蓓開心地說：「我有全世界最豪華的麻辣燙，真酷！」

　　有些紙條上寫著：

　　今天，欠蓓蓓一個好看的頭花。

　　今天，欠蓓蓓一條圍巾。

　　今天，欠蓓蓓一支口紅。

　　今天，欠蓓蓓一件碎花連衣裙。

　　今天，欠蓓蓓一場去成都的旅行，週末以一頓火鍋兌現。

今天，欠蓓蓓一輛雪佛蘭。

今天，欠蓓蓓一次去遊樂園玩。

今天，欠蓓蓓一次一起回趟老家。

結婚四年，因為忙，生孩子的計畫被一推再推；因為忙，大軍簽了無數的空頭支票，她從沒要求他兌現，他總以為還有時間，可是工作哪到得了盡頭。

大軍讀著一張一張的欠條，讀到其中一張，眼淚嘩一下就流了下來。紙條上寫著：今天，欠蓓蓓一個婚禮。

蓓蓓別過頭去，也抹了抹眼淚，說著快吃魚吧，一會兒涼了，就不好吃了。

這是那年，大軍和蓓蓓走出民政局，蓓蓓挽著大軍的胳膊，特別開心，一直笑。大軍不解地問：「妳傻笑什麼？」

蓓蓓笑著說：「不知道，就是開心。」

大軍說：「對不起，現在正是升職關鍵時期，這個職位對我很重要，婚禮我們晚一些時間再辦，讓妳受委屈了。」

蓓蓓笑著說：「嗯，我等你。」

大軍在一張紙條上寫了：今天，欠蓓蓓一個婚禮。落款名字是大軍。

蓓蓓問大軍：「你說我穿紅色的旗袍好看，還是白色的婚紗好看？」

大軍笑著說都好看。

蓓蓓說以後等我們有錢了，辦草坪婚禮怎麼樣？一大堆氣球，還有白鴿，在《婚禮進行曲》中起飛，或者旅行結婚怎麼樣，我想去西雅圖。

大軍說：「都行，妳說了算。」

時光荏苒，所有欠的賬早已混亂，微笑欠的債用眼淚來償還，一個日漸失望，一個日漸遺忘，自轉往復晝夜，公轉輪迴四季，哪來的什麼原地等你。河流夏天充盈，秋天乾涸，你年少時說的我愛你，哪管得了一輩子，能陪你走到最後的才是最好的。

大軍說：「不如我們休個長長的婚假，把婚禮辦了？妳喜歡什麼類型的？妳別哭啊！妳別哭！」

蓓蓓一邊哭一邊說：「你這人怎麼這樣啊！我都想跟你離婚了，你還拿這個撩我！」

大軍說：「好不容易娶進門了的老婆，再弄丟了，多愚蠢啊！」

4

...

究竟是什麼影響了我們的婚姻品質？

我們能否在婚姻中彼此欣賞和成長，在婚姻中保持忠貞？三觀一致，擁有共同目標並願意一起努力；包容體貼，經濟穩定，

有責任感並履行承諾。以上這些，都是婚姻基礎建設，就像火鍋的湯底一樣重要，蘸醬是加分，涮什麼食材就看心情。進入一場婚姻，選對鍋底很重要，這是你的品味，你是什麼樣的人就吸引什麼人，聊得來，聊很久，你會願意聽一個人嘮嘮叨叨，而忘記夾鍋裡你最愛的魚丸。

這是一個很奇怪的時代，因為年齡、因為逼婚、因為身邊的人都結婚了，於是催生許多低品質的婚姻，就是我們某種意義上說的搭伙過日子。

就像是看見一個熱氣騰騰的火鍋，大家就圍了上去，許多人不知道為什麼要圍上去，或許是很多人圍著，他們就跟著圍上去，只有少數人清楚目的是吃火鍋。

真的有那麼多的人迫切地需要一場婚姻，來掩飾自己生活裡的尷尬嗎？

因為只是湊合著過生活，所以許多人放棄繼續談愛情，一轉身進了廚房，繫上圍裙，含著淚就把自己夢想的翅膀紅燒了；紅燒就紅燒，為什麼不放點糖，最後苦了自己？

你怕孤獨終老嗎？但是跟不愛的人一起到老，不是更可怕嗎？

30 歲以上的單身女，如果婚姻品質不佳，定會在午夜夢迴時，後悔錯過那個徹夜交心的異性好友。

永遠不要為了婚姻而婚姻，而忽視自己的感覺。

只有結婚後才會懂，真正影響婚姻品質的是生活，瑣碎的生活。比如，下班後的兩小時，你跟愛人說過多少句溫柔的話、做過多少溫柔的事？**你疲憊不堪時，仍想對一個人笑，那才叫婚姻**。你不怕與這世界為敵，怕的是，推開門，碰到一張冷冰冰的臉。

多少婚姻扛得過大風大浪，卻扛不過下班後的兩小時，推開家門一大堆糟心事接踵而至，你受得了嗎？

很長一段時間後我才深刻理解，現在的大軍跟蓓蓓為何那麼幸福。

那個出門前的吻，是給那個即將奔赴戰場的人一身鎧甲；那個回家後的抱抱，是給那個凱旋而歸的人滿身溫柔。

一段感情，哪怕是吵架，都會有它自癒的方式，一定是兩個人在漫長的生活裡達成了一種默契：不必道歉，不必原諒，而用愛去回報。

我們也一定會在漫長的生活裡，忘記我們說過的很多話，但是，那些留在紙條上的情話，永遠都在提醒我們，**我們當初愛得那麼濃烈**，像是一鍋沸騰的好湯，因為愛，所以湯底裡涮什麼都好吃。

愛，一定要用愛去回報，別用「抱歉、對不起、原諒」這種傷心的話。

愛，
這樣說

是給那個凱旋而歸的人滿身溫柔。

那個回家後的抱抱，

是給那個即將奔赴戰場的人一身鎧甲；

那個出門前的吻，

你有多可愛，
婚姻就有多可愛

你先可愛了，
生活就不忍向你下狠手，只好陪你一起可愛。

1
...

兒子每次出門手裡一定要拿點東西，像是小汽車、優酪乳、史萊姆等。每一次我都站在門口苦口婆心地勸他：「大男兒當志在四方，豈能被這些優酪乳、小汽車所牽絆？要不要跟爸爸一起去拯救地球？」

他一聽總是開心地說：「好啊好啊！」

然後我把門口的垃圾袋遞給他，他有點莫名其妙。我說：「你

把垃圾帶到樓下，不僅保護了地球，還可以在積分榜上獲得 10 個積分，賺夠 100 個積分，你就可以兌換一輛小汽車，賺夠 200 個積分，你就可以去一趟遊樂場，賺夠……」

兒子問：「還有垃圾嗎？」

在我家牆上，老婆做了一個積分表，只要兒子表現好，就可以加分。比如，自己吃飯加 5 分，自己穿鞋加 5 分，睡前聽一個故事加 5 分，聽一個英文故事加 10 分，媽媽不開心時哄媽媽開心可以加整整 20 分咧。

積分用來做什麼？如果兒子去商場看到自己喜歡的玩具，可以拿自己的積分抵扣，然後我就得給他買。

有一次我心血來潮想唱歌，我說：「聽爸爸唱一首歌加 5 分，要不要？」兒子搖搖頭。我說：「10 分。」兒子又搖搖頭。「爸爸唱歌就那麼難聽嗎？」兒子笑著說讓媽媽唱首歌吧，我給 20 個積分。

果然，兒子是媽媽心頭的麻辣鍋，又麻又辣又暖心，而且蘸料、食材十足，讓你涮得盡興；而兒子是爸爸的皮皮蝦，皮厚肉少，剝起來還扎手，價格昂貴，扔了可惜，但嚐起來又沒味，只能逢人吹吹我擁有大海鮮。

那段時間，我總有一種失戀的感覺，自己最喜歡的女人被兒子撩走了。就像是你夾一塊脆皮烤鴨蘸了醬，放在小薄餅上，加了黃瓜絲和蔥段，卷了卷，滿懷期待，然後烤鴨卷餅掉地了，叫

人不氣嗎？

我問兒子：「你不愛爸爸嗎？」

老婆補上一刀說：「哎呀！父子一場，不要問這麼傷感情的話。」

我想離家出走，我想二胎生個女兒，我想去深山老林裡靜一靜，感覺愛不動這個世界了，中年男人的世界很脆弱，玻璃心一碰就碎。

兒子突然跑過來抱了抱我，簡直暖心炸鍋，接下來我想唱一首《小星星》送給兒子，以此紀念我們父子和解這一偉大時刻。結果，我才剛唱了一句「一閃一閃亮晶晶」，兒子就捂著耳朵跑了。回來啊，馬上要唱副歌的高潮了！

我現在就想問一下，學什麼歌還來得及挽回這段父子感情？

2
...

都說「一孕傻三年」，我老婆傻起來比較可愛。

有一天早上我問老婆為什麼起得那麼晚。她說做了一個很難過的夢，夢到帶著兒子出去玩，他在一個很大的遊樂場，一眨眼的工夫就不見了，我快急哭了，找啊找，卻無論怎樣都找不著。我心裡知道這是夢，只要強迫自己醒過來就好了，後來醒了，看

著兒子睡得正香。我想，兒子不可能平白無故的就丟了，我一定要找到他，然後我就又睡著了，把夢續上，繼續找，你知道的，如果找不到兒子，媽媽會很難過的。

我問最後找到了嗎？她笑著說找到了。

我是頭一回見有人把睡懶覺說得這麼清新脫俗又感人的。

我笑著跟兒子說：「下次不要亂跑了，在媽媽的夢裡也不行，媽媽找不到你會很著急的，如果讓我的女人著急，我會打你屁股的，快去親親媽媽，媽媽就原諒你了。」兒子一頭霧水。

哼！在撩老婆這件事上，我明顯略勝兒子一籌，畢竟我有快十年的功夫底了。有了孩子以後的婚姻無比的奇妙，你會看到一個神奇的世界。

比如撩，我喜歡「一箭雙撩」。我會親兒子一下，笑著說，麻煩你把這個親親送給媽媽，好嗎？我兒子就高高興興地去親媽媽。兒子沒出生前，我有很多機會撩老婆，現在有了兒子，沒機會也要硬撩，不撩的話，老婆很容易被兒子搶走。

唉，沒辦法，世界上比你優秀的人往往比你還努力。

3
· · ·

兒子把家裡的玩具扔了一地，弄得一團糟，老婆生氣訓斥了

他一頓，然後兒子委屈得眼淚汪汪地找我求助。我問他是不是惹媽媽生氣了？他點點頭。

我說：「男生怎麼能讓女生生氣呢，那你去哄哄媽媽，媽媽就原諒你了。」

然後，兒子拉著我去樓下的超市，拿了一大堆的零食，我說：「你心怎麼這麼大呢？媽媽還在家裡生氣呢，你出來買零食，合適嗎？別拿了，再拿你積分要不夠買小汽車了？」

他搖搖頭。買了一大堆零食回家，兒子拎著一大包零食走到我老婆面前，委屈地說：「媽媽，對不起。」然後老婆撲哧一下就笑了。

我在旁邊笑出了眼淚，兒子跟我哄我老婆的樣子簡直一模一樣。我跟老婆說，妳看，妳是他要花掉所有積分也要討好的女人。賺積分妳知道有多不容易嗎？在他朝思暮想的小汽車和讓妳開心面前，他選擇了後者。妳看他有多愛妳。

孩子真是一個好玩的世界，你會在這個世界裡看到自己的樣子，也會學到他教給你跟這個世界相處的方式。

兒子說雲彩是優酪乳味道的，兒子說壞掉的燈泡是它睡著了，兒子說生活很苦，但樓下的超市裡有棒棒糖。

這個世界不是非黑即白，婚姻也不總是一地雞毛，你先可愛了，生活就不忍向你下狠手，只好陪你一起可愛。

愛情無法湊合，
婚姻更不能將就

不要擔心孤獨，討好自己很簡單

不需要憂愁老之將至，你老了一定很可愛。

1
...

並不是每個人都適合結婚。

結婚不是人生的必答題，它更像是試卷的最後一道附加題，答對了加分，不回答也不扣分。

談戀愛時，要花時間跟一個人相處，會開心快樂也會難過委屈；若不談戀愛，把時間花在任何一件讓自己開心的事上也很好。

就像是不喜歡榴槤蛋糕的人，也可以選提拉米蘇。

那些不婚主義者，可能也有件跟結婚可相提並論的小事充滿他的生活，讓自己開心。

學校快畢業了，看著身邊的人都忙著實習、找工作，你慌什麼，想考研就靜下心來學習。

年齡大了一點兒，看著身邊的人都忙著相親、結婚，妳急什麼，不打算嫁人就學點其他本事。

讓自己活得精彩的人，怎麼會憂愁老之將至的孤獨。

怕什麼，只是生活方式不同而已。

2
...

也許妳實在太害怕一個人會孤單，所以才想著找另一個人結婚來壓壓驚。但真的沒必要去強求擁有一份可有可無的婚姻。

妳看人家吃麻辣水煮魚很過癮，可別忘了自己不吃辣。電影裡女主角的裙子真美，手一滑買了同款，收到貨時可能就後悔了。

瑜珈課再怎麼塑形，再怎麼打造氣質，對貪食的吃貨來說，或許就是多受罪 45 分鐘。活著，舒服就好。

妳已經是成年人了，每一個選擇都對得起自己就行，沒必要委屈自己去討好任何人。沒必要慕別人，吃慣了黃燜雞卻非要學人家吃牛排五分熟，這樣不會不自在嗎？穿慣平底運動鞋的腳非

要試穿 10 公分的高跟鞋，那不是自找跤摔嗎？不一定非要抹上鮮豔色號的口紅，才能碰到一個願意親吻妳的人。

就算是 30 歲還沒有碰到喜歡的人，急什麼，人生裡的開心事不只是穿上婚紗嫁人。談戀愛很累，要約會、要分享喜怒哀樂、要吵架、要計畫未來，妳暫時應付不來，那就先放放。

別將就自己去做早晚會後悔的事兒。

3

∙∙∙

「結婚」應該是場開心的經歷，而不是必須完成的任務。**妳的人生永遠不在別人嘴裡，而在自己選擇的生活裡。**

妳要學會主動 Delete 一些讓妳不愉快的建議，不結婚的女人礙著誰了？沒吃別人家大米，沒喝別人家排骨湯，踏踏實實地過自己的日子，都是自己的選擇。

成年以後，妳活在人際交往的社會裡，生活是社會關係的綜合。妳不知不覺被各種建議左右，怕自己成為別人眼中的異類，於是努力想活得跟大多數人一樣：到了適婚年齡結婚，婚後努力生孩子，下班時間就去接孩子放學，每天早起做熱騰騰的早飯，把家打掃得乾乾淨淨，但妳不過是千千萬萬家庭主婦中的一員。

其實每個人都過著被別人羨慕的生活，結婚的人委屈爆棚的

時候羨慕單身的自由自在。單身的人孤獨的時候羨慕結婚的人的生活安穩。

生活總是要從長計議，自己過得舒服很重要。一輩子說長不長，為什麼不試試用自己喜歡的方式去過呢？

4

...

當妳確實碰到一個喜歡的人，也想嫁給他，他也滿懷期待娶妳，那就結婚吧。但如果妳連自己的生活都處理不好，就別慌慌張張的開始一段妳駕馭不了的感情，交往一個不合適的人，會讓妳以為愛情不過如此。

可是，真正的愛情很美。

像一大勺牛肉湯澆在一碗熱呼呼的米粉上，沖得肉塊歡快地滾動。

像一大勺滾燙的辣油澆在水煮魚片上，熱的吱吱作響。

像一顆滷蛋搭著滷肉飯，一切都是那麼剛剛好速配。

我曾看到過一句話，大意是：「『自己』這個東西是看不見的，撞上一些別的什麼反彈回來，才會瞭解『自己』」所以一定要跟什麼東西碰撞後，才知道「自己」是什麼，這才是自我。

妳應該愛一個讓妳更耀眼，而不是讓妳變成塵埃的人。愛對

了人才知道，婚姻是一場很有趣的結伴旅行，結婚只是一場酒席的熱鬧，而撐起妳整個人生的是「相愛」。

5
...

無論妳是否結婚都要認真地生活，照顧好自己挑剔的胃，照顧好自己的情緒。

除了化妝，還必須要有一樣能提升自己的愛好，比如讀書、健身或練習好好說話。

除了約會，妳至少要有一樣能跟自己獨處的方式，比如看電影、旅行或戴上耳機放點自己喜歡的音樂。

為什麼要結婚？就是當妳覺得兩個人在一起比一個人有意思；當妳覺得即使人生會碰到很多問題，但只要兩個人在一起就能好好處理。

婚姻不能全靠隱忍、包容、理解、磨合來經營，那種一天到晚讓自己累到趴下的婚姻妳真的要嗎？

不要擔心孤獨，討好自己只是立即的事。不需要憂愁老之將至，妳老了一定很可愛。

所以，請把人生過得很認真，認真生活，認真挑選那個跟妳生活的人。

如果有一天妳結婚了，希望是發自肺腑的開心，而不是大大鬆一口氣，覺得完成了一個任務。

可以不顧一切去愛，
但別忘了自己是誰

愛情是兩個強者的風花雪月，
不是兩個弱者的苦大仇深。

1
...

第一次有人催妳結婚，妳緊張。

對啊，再不結婚就晚了，身邊的人管它幸福不幸福都結婚了，妳拿出一張 A4 紙，努力寫下妳覺得朋友圈裡適合跟妳結婚的人，然後又一個一個劃掉，總覺得哪裡不對。

有一天妳在麵包店買榴槤酥，越吃越停不下來，突然妳知道，這才是妳想要的愛情，像是榴槤酥一樣，有人愛的要死、有

人恨的要死，它不像香蕉，好像人人都喜歡，好像跟誰結婚都一樣。

有人同妳說，別倔強了。妳知道的，生活裡我們有太多太多不得已的勉強，不得已的妥協，可是，唯獨愛情不行，我偏要倔強。妳知道林深時見鹿、海藍時見鯨、夢醒時見妳，所以，妳捨不得讓自己委屈，隨便找個人嫁了，然後騙自己說這世上哪有那麼多的愛情。

妳不介意任何一種遇見愛的方式，包括相親。單純地只想找一個發自內心喜歡的人，認真地談一場戀愛，然後結婚、生子，一起白頭偕老。什麼叫喜歡？就算沒愛過一個男人，難道還沒愛過一支口紅嗎？就算沒談過戀愛，難道還沒參加過雙十一嗎？妳想啊，戀愛都得要「促銷」了，那麼結婚還不得「全場五折」啊！只有跟喜歡的人在一起，才能保證戀愛和結婚「同款同價」，隨時保持奮不顧身的喜歡。

2
...

第二次有人催妳結婚，妳還是會焦慮。

妳不停地問自己，怎麼沒有人來愛我呢，我到底哪裡不好？

有一天，有個人滿心歡喜地說他愛妳，妳傻乎乎地把自己的

那碗紅燒牛肉麵給他吃，妳圖什麼？我們早就過了用耳朵談戀愛的年紀，現在大家都用眼睛談戀愛，他對妳好不好，愛不愛妳，妳都看在眼裡，記在心裡。

是啊，一遇到喜歡的人，妳的第一反應不是自卑嗎？知道為什麼嗎？因為妳只有愛的心願，卻沒有愛的能力。留住鳳凰，不是要告訴他妳愛他，而是妳要有一棵梧桐樹。愛情啊，就是妳有一碗紅燒牛肉麵，他有一盤新疆大盤雞，巧了，拼桌一起吃，妳夾那塊大盤雞的時候，問一下他吃不吃紅燒牛肉。

妳缺結婚的條件嗎？

妳缺的是願意陪妳談戀愛的人，那種妳看他一眼心就會怦怦跳的人，那種跟他在一起很甜很舒服的人。他懂妳從前為什麼單身，妳懂他的未來裡有妳，所以，妳拿紅燒牛肉換了大盤雞，然後妳們相視一笑說，真好吃。

妳不知道紅燒牛肉好吃嗎？不知道大盤雞好吃嗎？還有炭烤羊排、麻辣蹄筋、培根豆腐皮卷好吃嗎？妳都知道啊，可是，妳手裡端著的只有一碗清湯麵，誰來跟妳換？

其實妳早就知道，**愛情是兩個強者的風花雪月，不是兩個弱者的苦大仇深。**

第三次有人催妳結婚，妳笑了。

妳早就明白，既然緣分未到，那就不急了吧，田間禾苗也不是拔幾次就長高的，巴山秋池也不是一夜之間漲滿夜雨的，江海也不是三、五條小溪彙聚而成的。

「我不著急結婚，但凡壓軸，必定好戲。」

大家都說 25 歲該結婚了，可是總也有不結的權利吧？！每個人本來就不同，有的人 25 歲結婚生子，很好啊！可是妳 25 歲還要看星空大海，還要吃雙拼飯、還想讀很多書，不想跟一個「還湊合」的人過一段還湊合的日子。

可不可以慢慢地過自己的生活，然後遇見一個節奏一樣的人呢？我們可能要花很長很長一段時間才會遇見相同頻率的人。就像在一片孤獨的海裡，有一頭很奇怪的鯨魚，她一輩子都在哼唱，也許一輩子都碰不到回音。妳說，她唱得好孤獨。但其實她覺得一個人哼歌是很有意思的。

妳或許也想像大多數人一樣 25 歲就結婚，可是萬一 25 歲時找人湊合，到 30 歲的時候才碰到那頭鯨魚怎麼辦？他唱起歌來好奇怪，可是妳全都聽得懂。他問妳怎麼那麼傻啊，要嫁給不喜歡的人？

妳努力替自己解釋，妳只是努力讓自己看起來不像個怪物，

所以像其他鯨魚一樣游泳、像他們一樣唱歌，甚至和他們一樣結婚。可是，到頭來妳還是哭了。他難過地說，但妳是美人魚啊，我們天生就跟鯨魚不一樣。

是吧？！所以我們沒有必要把 25 歲都過得一樣，想結婚就去結婚，想考研究所就去考研究所，想旅行就去旅行，想種花就去種花，想養金魚就去養金魚。正是這些奇奇怪怪的不一樣，才有了我們。

有一天，妳碰到一個人聊了起來，妳說：「你也喜歡魚啊？」他說：「對啊，對啊，妳喜歡金魚還是錦鯉？」妳笑著說：「我喜歡麻辣和紅燒。」

都是喜歡，可是喜歡也有區別。

無論 20 歲、25 歲，甚至 30 歲、40 歲、50 歲，都應該去做那些妳真的喜歡做，不被別人左右的事情。妳清楚明白，妳跟那些總勸妳結婚的人，不是同一類人。

我以前寫過一個小故事：

檸檬喜歡上秋刀魚，可是秋刀魚嫌檸檬有點胖，於是檸檬拼命地減肥，希望有一天可以瘦下來嫁給秋刀魚。

芒果說：「換一個男朋友就能解決的問題，幹嘛委屈自己減肥？」

檸檬說：「愛一個人，就願意為他改變。」

芒果說：「你是不是傻？」

檸檬說：「愛一個人，就是願意為他變傻。」

芒果說：「可是，可你是大柚子啊！人家愛的是檸檬。」

你當然可以不顧一切去愛一個人，但別忘了自己是誰。

愛對了人才是
頂頂重要的事

結婚一點也不好玩，
只有與那個讓你相處不累的人結婚才好玩。

1
．．．

一個女孩過了大家所謂的保鮮期，會有怎樣的人生？

妳會不會害怕，突然有一天某個人闖入妳生活的舒適區，喝妳冰箱裡的啤酒，躺在妳的沙發上。從此以後，你們以婚姻為名每天膩在一起，開心的時候火樹銀花，吵架的時候一地雞毛。如果妳害怕就再等等，有一天妳總會長大，那些小時候怕黑的小孩，後來還不是長成了關燈睡覺的大人。

結婚只是一種生活方式，跟學生時代的寄宿群居生活一樣，妳喜歡就結，不喜歡就不結，別拿單身女生一個人生活有多危險來嚇唬誰，莽撞地開始一段婚姻才更可怕。

一個人的人生是否有趣，並不是用結沒結婚來衡量的，相反地，婚姻會拖累大部分沒有準備好的人。

一個 20 多歲堅持獨身主義的女生，可能突然在 30 歲的那天吹滅生日蠟燭，遇見喜歡的人。想結婚了，那就結啊！一個女孩要想嫁人時，無論是什麼歲數，只要問問那是否是她想要的生活。

2
...

有個每天把男神掛在嘴邊的女孩，後來卻很少再提及那男孩了。因為有一天，她剛好聽見男神在背地裡跟其他女生調侃著她，說她那麼醜，我怎麼可能會喜歡她。「當時真想把手裡那杯買給男神的咖啡潑在他臉上」她說。

讓一個人變美很難嗎？說不難，好好保養化妝即可；說難，時光削骨、歲月磨皮，一層修為一層濾鏡，生活從來不會對誰溫柔以待。但是妳回頭看，所謂的那個男神，也不過就是普普通通的男人而已。

後來女孩說，我不著急結婚，還有很多書要讀，還有很多贅

肉要減，還有很多風景要看，還有很多禮儀要學，還有很多聚會要參加，我很忙、很開心、很充實。

有些女孩，懂得在婚前就打磨好那個最美的自己。

3
...

幾年前，我問一個朋友：「五年後，妳會是什麼樣子？」

她笑著說：「應該有一個 3 歲的孩子，讓我打扮得漂漂亮亮的，跟著我坐火車、坐飛機，去很多的地方，他眼裡看到的世界可能跟我不一樣，但是沒關係，我喜歡他做他自己。」

我說：「可是，妳連男朋友都沒有。」

幾年後，她帶著 3 歲的女兒路過青島，我在棧橋附近的一家餐館請她吃飯，她女兒笑著問：「叔叔，你的鬍子真好看，你是不是山羊變的？」

我也笑著問她：「那妳是什麼變的？」

她仔細想了想，一本正經地說：「我是爸爸拿積分兌換的。」

那年，她媽媽跟一個男同事一起出差，當時時間有點趕，他們準備拉著行李跑，那個男同事突然拉住她，然後蹲下來，幫她繫好鞋帶，跟她說，不用急。但當時訂好的機票不能改簽不能退，她覺得很可惜，男同事後來買了兩張機票，笑著跟她說，積分兌

換的。

結婚後有一天，她用他的帳號去買機票，才發現哪有什麼積分兌換，他不過是那天自己貼錢再買了兩張機票而已。

我記得以前她說過一句話，讓我印象深刻，她說：「一個對未來沒規劃的女孩很容易迷惘，很容易在戀愛和婚姻裡失去主導權。一個女孩只有自己努力過好了，才能婚後在家庭裡有公平的話語權，不努力把自己過好，永遠會是那個被犧牲的一方。」

我問她五年後妳會是什麼樣子。她笑了笑。

我知道，不論她說出什麼答案我都不會驚訝。有些人早已規劃好人生，只是順道結了婚。

4
· · ·

我也認識一個廚藝特別好的女孩。

她從不會隨便用一碗泡麵、隨便點份外賣或者找個路邊攤來當一頓正經的晚飯。當時我也好奇，用 10 塊錢就可以在街邊買到 3 個榴槤酥，她為什麼還得自己買烤箱、買榴槤、高筋麵粉、奶油，買一大堆烘焙用的東西，為什麼要這樣自找麻煩？

但女孩說：「充滿儀式感的生活讓我特別喜歡。點了 100 次外賣，最後只是填飽肚子。但是，如果自己做 100 頓飯，就學會

了 100 種討好自己的方式，你知道這樣有多開心嗎？」原來，一個廚藝很棒的女生跟一個不會做飯的女生之間，差別是 100 種不同的人生。

大人的世界裡能管住自己嘴的人那該有多厲害！知道什麼飯不能吃，什麼話不能說，這樣就該有多不容易。大家平日都很忙、很疲憊，有的人懶得躺在沙發上點外賣，但也有人下班繞道菜市場，挑選自己愛吃的蔬菜、水果和肉，灶上生火，升起熱氣騰騰的人生！

無論有多難，也要好好照顧自己，你對生活的態度，也會成為你的人生狀態。

總有些女孩，還沒有結婚就已經懂得怎麼把生活過得精緻而且有趣。

5
⋯

千萬別指望透過結婚來彌補自己失敗的生活，那只會讓你經歷更糟的人生。如果你正在過的是你想要的生活，那結不結婚對你又有什麼關係呢？

結婚一點也不好玩，只有與讓你相處不累的人結婚才好玩。

兩人能一起長大，
才是最浪漫的事

1
. . .

　　我有個女生朋友陸白，即將結婚時說過一句聽起來很殘酷的話，她說：「那些沒跟著愛情一起長大的女孩，將來都會被婚姻淘汰。妳可以偶爾像個小女孩，但大多數時候妳得是個大女人。成年以後，沒有人會一次又一次原諒妳的天真幼稚，大家都喜歡跟專業的人共事，無論是職場還是婚姻。」

　　那時候我還笑著跟她說：「妳應該嫁給一個把妳寵成孩子的

男人。」

她搖搖頭笑著回：「無論誰寵誰，都該有個限度，否則一個越來越累，一個越來越傻。婚姻的路很長，需要兩個人互相配合，不是一個人拖著另一個人走。學會分擔責任很重要，沒有哪一種方法比夫妻共同成長更能保鮮愛情，千萬別做婚姻裡扯後腿的那個人。」

小時候我們都知道考試落後就要挨打，職場落後會被淘汰。在婚姻裡也一樣，彼此相愛的兩個人是互助小組，如果不能一起成長，那麼總有一天有個人會先離開。

2
...

陸白有一次跟男朋友吵架，最後她像以往一樣鬧著分手。

男朋友說：「我已經沒有力氣再哄妳了，我真的累了。有時候我覺得自己挺慘的，想找個東西靠靠，一回頭卻發現身後空空如也；有時候我跌倒了，也希望能有個人過來扶我一把，告訴我說沒事，而不是埋怨我走路怎麼那麼不小心。自己一個人規劃著兩個人的未來，真是又累又傻。」

陸白突然愣了一下，她原本以為他會一直寵著她、慣著她，但原來他也需要人懂，也需要人愛。

陸白小心試探地問：「你不愛我了嗎？」男朋友問：「那妳還愛我嗎？」

　　陸白說：「其實我只是想讓你哄哄我。」

　　男朋友說：「妳知道嗎？如果我把時間都用來哄妳，那麼我們註定無法走得太遠，有些情緒我們得學會自己消化，《神探夏洛克》劇裡有句話：眼淚是擋不住子彈的，否則那該是個多麼柔情的世界啊！

　　我知道妳為什麼鬧，妳覺得我給妳的安全感不夠，妳慌，所以總想找點事情證明我愛妳。但妳不知道我為什麼總加班，約會總遲到，總無法及時回妳簡訊。我原本以為妳懂得，我在忙著賺錢計畫我們的未來，但其實妳不懂，小孩子才談情說愛，大人都是要結婚的。所以我覺得累了，覺得妳無理取鬧。但其實也怪我一開始沒說明白，沒能給妳安全感。

　　我原是想給你一個完完整整的蛋糕，但其實你想陪我從和麵開始做一個屬於我們倆的蛋糕。

　　我現在才懂什麼叫未來，有你參與的現在才有未來，**既然說好了白頭到老，那我們就該風雨無阻，一起努力。**」

3
...

　　說開後，陸白跟男朋友還是偶有爭執，有一天她發明了「吵架轉化機」。她拿出一個她最愛的多啦A夢存錢罐，說好只要任何一方有情緒，想吵架的時候，就往存錢罐裡放100塊錢。

　　比如說陸白想吵架，就放100塊錢，還想吵，就繼續放，有一次放1000塊錢，最後不捨得再放了，男朋友就坐在旁邊看著笑著，還助興地說著：繼續繼續。

　　也有一次，男朋友委屈得快爆炸了，放1500塊錢，陸白樂得在沙發上打滾，哈哈笑著說：「想不到你也有今天啊！」

　　「吵架轉化機」裡的錢每個月結算一次，多的話就週末去旅行，少的話就一起去看場電影吃頓飯。總之，這些原本要撒在對方的火氣經過哆啦A夢一轉化，反而讓日子變得熱熱鬧鬧了。

　　有一個月打開吵架轉化機裡沒有錢，他倆先是一愣，然後突然大笑起來，陸白還挑釁地說：「來吵一架？」

　　男朋友問：「多少錢的？」

　　陸白說：「你先押。」

　　男朋友笑著從錢包裡掏出來200塊錢放到吵架轉化機裡，笑說來個200塊錢的。

　　陸白突然抱起吵架轉化機跑，一邊哈哈地笑著說，有基金了，樓下新開一家麻辣雞架店，我要去吃雞架。男朋友就跟在她後面

跑著追她。

一輩子那麼長，不可能不吵架，只要換一種方式，吵架就變得可愛了。

誰都會有委屈，都想被寵得像個孩子，可是我們都知道，能一起長大才是一種幸福。或許你我都不真懂愛情是什麼，只是有一天，有一人來到你的生命之中，你總想著把讀過的書、走的路、看過的風景，統統說給他聽。你眼裡的溫柔、心底的柔軟，統統想與他分享。

好的愛情應該是什麼樣子？

兩個人在彼此身邊就像是孩子，但當對方不在，各自也能獨當一面。

你的春夏秋冬他都走過，他的東西南北你都去過。歲月本無痕，可是偏偏有一條路上印著兩排腳印，有深有淺，無比可愛。

跟愛的人一起長大，這應該是最浪漫的事了吧！

女人生孩子時
才知道
自己能這麼勇敢

1

...

我在產房外哭過，在我兒子出生前四個小時。

老婆生產時我在產房外，總害怕傳來護士傳喚的聲音，聽到隔壁房的產婦疼得撕心裂肺，護士叫家屬簽字，改剖腹產。產婦的先生握著老婆的手說「不怕」，然後產婦從產房被緊急推到手術室，整個走廊都是產婦疼痛的喊叫聲，特別讓人揪心。

護士突然通知我老婆快開十指了，讓我趕緊續樓下買一些孕婦用的衛生紙。

　　我從三樓奔跑到一樓超市，再從一樓跑回三樓產房，那時候眼裡分不清是汗還是淚，把衛生紙遞給護士的時候，雙腳直打顫。護士笑著說，沒事，別緊張。

　　我在產房外等著，但一直沒有消息，比預計的時間晚了近一小時，同時跟老婆一起進去生產的產婦已經生了千金。孩子的爸爸開心得在門外發訊息通知親朋好友。而我，還在等著。

　　我在產房外發訊息給老婆，她拍了一張自拍照給我，回了兩個字：「輸液。」

　　我問：「妳怎麼樣」，卻一直沒收到回訊，我非常緊張，每一次產房門打開，心就會揪一下，生怕護士通知我不好的消息。

　　直到老婆從產房出來，我看著她一臉憔悴，那是經歷生死之後的蛻變。一個女孩該有多愛一個人才會給他生孩子，只有真正經歷過才懂，什麼叫愛你如生命。

　　後來我聽老婆說，助產士告訴她：「妳疼妳難受的時候，孩子也在陪著妳，妳忍著多努力一下，孩子就少受一些罪。」

　　女人生孩子那種疼，不經歷過一回，永遠不懂。

　　去他的愛情吧，這可是玩命，哪一個女人不是玩命般地愛一個人。

2

...

我把老婆推回病房時，叮嚀她好好休息。她笑著問：「你不去看看你兒子？」

我說：「兒子？」她說：「你是不是很失望不是生個女兒？」

我笑著說：「沒，不管兒子女兒我都喜歡。」

那一刻，兒子躺在媽媽懷裡特別的安靜，不知道他是否知道自己經歷了什麼，但是我知道，他跟媽媽一起見證了一個偉大的時刻，他比我勇敢，因為那一刻，是他陪著媽媽。

因為醫院床位短缺，只能住到三人房，我老婆的床在中間，左邊的產婦很年輕，是生第二胎，已經有一個 5 歲的女兒。我心想生第二胎是什麼概念，把明明知道的恐怖重新再經歷一遍，這女人真勇敢。他們夫妻都來自農村，結婚早，第一胎也生的早，這幾年他們做生意，賺了一點錢，想再要一個孩子，兩個孩子也好有伴。兩人初中畢業就從家裡出來打工，讀書少，現在就想讓孩子好好上學，多念點書，長大後再也不用起早貪黑地賺辛苦錢。

說起女兒的學習，她臉上的笑容就特別燦爛。

一個女人，一步步地實現著自己想要的生活，是件讓人開心的事，她看著另一半的眼神充滿了溫柔，那種感覺是經歷大風大浪後的心安。

她第二天就要出院了，開心地說婆婆、先生和女兒會一起來

接她。她很早就起床開始收拾，梳妝打扮，坐在床邊等著先生辦好出院手續。

他們一大家子來了，女兒手裡拿著一大束花遞給她，然後一下子抱住她，笑著說，媽媽、媽媽，這花是我選的，好不好看？

她先生辦好手續後要接她離開。她突然笑著說，躺久了，還不大願意走路了呢。

她先生笑著說，哎，妳結婚的時候，也是這麼騙我抱妳下樓的，接著，她先生就一把抱著她下樓了。果然，嫁對人妳永遠都是小公主，當了媽也有公主抱。

3

• • •

老婆右邊病床的產婦幾乎是跟我們同時入院的，他們家的女兒比我兒子晚出生幾分鐘，待產前婆婆和小姑子一直跟著，入院的那天上午，婆婆就打電話跟她兒子說，讓他訂最好的月子餐。

她生個女兒，從產房出來時婆婆抱著孫女樂得合不攏嘴，自言自語地說，這小嘴漂亮，像媽媽，笑了笑了。媳婦說：「媽，妳先把娃娃放下，休息一會兒吧。」

放下孫女，這位婆婆走到窗戶前小聲地打電話，應該是跟好姐妹報喜訊了，她特別自豪地說：「我當奶奶了，那可不，大千金，

羨慕不，可漂亮了，像她媽媽。」

後來女人的先生也來了，一過來就握著老婆的手也不說話，就那麼一直開心地看著。不知道握了多久，婆婆才說：「行了行了，別握著了，讓你老婆好好休息，快去再準備一點好吃的來。」

這先生卻撒嬌地說：「不，不，我就握著。」

他是個一百八十幾公分高的大個子，錚錚鐵漢阿，但在媽媽面前、在老婆面前，撒起嬌來卻也是柔情似水。

原來，經歷過一些苦難，就能讓兩個相愛的人手握得更緊、擁抱得更緊。一個女人，願意義無反顧地承受痛苦生一個孩子，是因為她相信，她深愛的這個人一生都不會辜負她。

女孩們真傻，人家用一句「我愛妳」就能讓她豁出生命。

4
...

兒子出生第七天發現有黃疸，需要進行照光治療。

被送進新生兒加護病房的時候，他還笑著呢，他甚至都不知道笑是什麼意思，不知道這一扇門關上後迎接他的是什麼，而我還有老婆要安慰，我們做了最好的準備，可是這時我們也是無能為力。有時候是事情選中了你，你就得一肩扛起，誰讓你身為人父了呢，有了父職就要頂天立地，誰管你身高是多少。

在醫院產婦間難免會比較，相較之下讓老婆有點自責，為什麼自己奶水那麼少？兒子被送進加護病房後可以給他送奶，於是老婆就用擠乳器把奶擠到奶瓶裡，擠奶的過程相當疼，她卻還忍著疼問我，這些奶，夠不夠？

兒子收到的新生禮物居然是照光治療六小時。被推出來時，身上多處破皮。但他異常的安靜，像是安慰我，爸爸你看，我沒事的。

我也自己安慰自己，其實也挺好，兒子從小就是個有故事有經歷的男人，經過磨難會更勇敢，未來我還有好多故事可以講給他聽。

老婆說，成長嘛，總是伴隨著磕磕絆絆，孩子們遭遇過小傷小痛，然後就長大了。

經歷過一場脫胎換骨的洗禮，才親眼所見一個女人多偉大。

老婆鄰床的產婦經歷了更大的磨難，她是剖腹產，平常人都是橫切一刀，她是橫豎各一刀，孩子生出來時沒有呼吸，直接被送進搶救室。她說，那一刻她唯一的想法就是給老公添麻煩了。那麼緊要的關頭她竟然都沒想過自己的安危。

幸好搶救幾個小時後孩子脫離險境，生命向來堅忍頑強，嬰兒才出生就這麼努力活下來，我們哪能軟弱不勇敢。老婆說，每一次陣痛都是孩子跟媽媽一起努力掙扎，他努力地想要來這世界看看。

或許會逐漸覺得生活很平淡，愛很平淡，柴米油鹽的日子很平淡，可是，每當我想起我在產房外的那一段時光，就知道這份愛其實得來不易，她給我的愛遠遠超過我給她的，能被這樣的女人愛著是一種福分。

　　我常覺得自己做得不夠好，是因為我親歷當下那個讓人擔心、害怕、緊張的時刻，也在病房裡見證那麼多男人疼愛自己老婆的樣子。這世間從來不缺愛，不缺陪伴，唯有多愛老婆一點，再多一點，才覺得自己配得上她臉上的那抹微笑。

　　不讓老婆失望是愛妻俱樂部唯一的入會標準，別等到在站產房門口才明白。

不為過去埋怨，
只為未來歡呼

你改變不了已經發生的過去，但是，你可以讓即將發生的未來變得美好。

1
· · ·

有一次我和老婆準備帶兒子出去吃飯，這是前情提要。

我每次出門前都要紮一個美輪美奐的丸子頭，人到中年不能油膩，要努力做一個精緻「男孩」。那天，我的手法明顯慢了，橡皮筋鬆了，多繞一圈，兒子站在門口等急了，開始吵鬧。

我和老婆趕緊到門口哄他，問兒子中午想去哪裡吃飯？兒子猛然推開門往外走，門「哐噹」一聲關上，我和老婆愣了一下，

幾乎同時問：「你拿鑰匙了嗎？」

老婆說鑰匙還在裡面掛著呢。

兒子開心地笑著說：「出發、出發、出發。」

我問老婆怎麼辦？老婆說：「找鎖匠來開就行了。」

這是我人生中第一次把自己鎖在門外，眼前就是家，可是你就是進不去，氣不氣人？如果你還是無法理解我的感受，我舉個例子，那就像是你喜歡一個人，他就站在你面前，但你就是不敢告訴他，你沒有走進他心裡的那把鑰匙，氣不氣人？

像一大碗酸菜魚擱你面前，那魚肉一看就新鮮細嫩，酸菜一看就讓人垂涎三尺，可是現在只能讓你聞味道，氣不氣人？

假如是以前碰到這種事，我和老婆大概會站在門口相互抱怨對方吧，一出門就遇到被鎖在外面需要找鎖匠開鎖，誰能開心得起來，甚至有可能因為這點小事影響一整天的心情，可是，婚姻裡有太多雞毛蒜皮的小事，如果事事計較，那肯定會很累。

老婆說：「不要為已經發生的事懊悔埋怨，要為還未發生的事慶幸歡呼。」孩子出來後要面對他製造的麻煩越來越多，也或許因為如此，心態反而越來越樂觀了。我們家陶瓷杯子還剩下 1 個，原本可是 8 個啊；牆上、沙發上被畫得面目全非，全是抽象主義派畫風；一大早玩具就丟了滿屋，來吧，勇士，開始你一整天的冒險吧；晚上哄睡、唱歌講故事，我把自己都哄睡了，也不一定能哄睡得了兒子。

看開點吧，這就是婚姻，這就是生活。

看開以後，事情就變得有意思了。已經發生的事，比如兒子打碎 1 個盤子，拿掃帚打掃一下就好了嘛，可那些尚未發生的事，也許更精彩可期呢，比如，兒子剛打破杯子又拿起一個碗。刺不刺激？好不好玩？

某一天有很多讀者問我，怎麼剛發布的文章被刪除了，其實是兒子要看《粉紅豬小妹》卡通，我不讓他看，然後他就偷用我的電腦，我的帳號後臺正好登錄著，然後，我的文章就沒了。刺不刺激，好不好玩？

所以，我常常安慰自己，人到中年，看淡喜怒哀樂就好了。

那天我們本來計畫是去銀行升級 U 盾（注：是中國工商銀行推出一種用在網絡上，用來識別客戶身分的憑證），然後接著吃飯，外出走走。可是門被鎖了，有一瞬間我還在為怎麼找鎖匠煩惱，卻突然想起，我和老婆的身分證好像都沒帶，老婆點點頭。

我說：「我們是不是應該去開個房冷靜一下？妳看，上天為我們關了一扇門，妳不覺得這是一個契機嗎？讓妳可以推開無數酒店的門，每一扇門裡都有空調、西瓜和 Wi-Fi，還有啤酒、燒烤、世界盃。人生不就是關上一扇進不去的門，然後推開一扇新的門。」

老婆笑著說：「行，但別推帶星的酒店門，貴！」我說：「好！推一個晚上能看星星的。」

2

...

　　結婚得找個脾性和你對味的人，能把大事化小，小事化了，即使生活百般刁難，依然能找到無數歡樂的瞬間。你若看不開很多小事，就會讓壞脾氣傷害身邊最愛的人，看開了，前面就會有無數新的驚喜等著你。

　　結婚這幾年，我覺得婚姻最有意思的就是，**你跟一個喜歡的人在一起，就不怕過任何一種生活，風雨也喜歡，陰晴也喜歡！**

　　上帝鎖了你一扇門，你可以去開個房啊；生活給你一隻攔路虎，你走開就得了。煩惱背後總藏著驚喜，婚姻，要的就是那一股樂觀。你改變不了已經發生的事，但是，你可以讓即將發生的事變得美好。

　　後來，那一天我租了帳篷，搭在家附近的河邊，老婆問我：「空調呢？」我拉開帳篷的一角，笑著說自然風，南北通透。

　　老婆又問：「那西瓜呢？」我把西瓜清清涼涼端到她面前。老婆還問：「Wi-Fi 呢？」我打開手機，調到她正在追的電視劇，說不限流量，隨便看。

　　老婆笑著問：「就找家鎖匠開鎖就能回家的事，幹嘛搞得這麼複雜。」我喝了一口啤酒笑著說：「妳不覺得今晚的星星有點亮嗎？」

　　我不知道兒子懂不懂在他把門關上的那一剎那，我們三個人

就被鎖在門外了，想打開沒有那麼容易，但是我知道，他每一次製造的麻煩背後都藏著一個驚喜，如果我盲目地去抱怨、生氣的話，可能就沒有機會發現了。很慶幸，我每一次都能找到那個驚喜。

老婆比我更早知道這個祕密，所以她早就懂：**不要為已經發生的過去懊悔埋怨，要為還沒發生的未來慶幸歡呼。**

你已經做得很好了，
要相信自己

人心都是柔軟的，只是被現實折騰得有些褶皺，要相信這世上真的有天使，會偷偷地撫平每一顆受傷的心。

1
...

私訊裡收到一條特別悲傷的留言：「我才 24 歲，欠了 50 萬的債，我不想活下去了。」

這位才 24 歲的女孩為了給媽媽治病，欠下 50 萬的債務，可是她月薪才 3000 元，她母親幾次偷偷地把藥藏起來，想放棄治療。

她偷偷瞞著周圍的人，不想拖累男朋友於是選擇分手，可她

連為逝去的愛情好好痛快哭一場的時間都沒有。她說：「我真的真的很愛他，可人生為什麼這麼苦，我才 24 歲啊！」

我說：「妳才 24 歲，人生還很長。苦瓜炒雞蛋第一口最苦，但吃下去就能去火消暑；咖啡第一口也苦，但接下來就口口提神。50 萬元不過是妳此時此刻人生的下限，妳還沒有試試人生的上限在哪裡呢。別害怕活著，故事總是先苦後甘。

其實妳放眼望去，誰的心裡會沒點苦呢。許多人熬夜加班沒有存款、苦戀多年最後分手，只是往往一早醒來，大家就都忙著去奔波勞碌，為了一點點渺茫的希望掙扎著，想著總有一天總會熬出頭。雖然我們都不知道『總有一天』到底是哪一天，可還是不敢放棄，怕白白辜負了從前受的苦，只好再忍一忍，事情總會好轉的。」

女孩說：「活著真是又累又沒意思啊！」

我說我以前很討厭螺螄粉，但是有一天，在朋友的慫恿下吃了第一口，居然越吃越來勁，一個人吃了一大碗，就像是為了彌補以前的錯過。

我曾經也討厭榴槤，但有一天喜歡的女孩吃完榴槤後笑著親了我一下，我才知道原來榴槤這麼甜。

我討厭吃麵條，有一天丈母娘做了一大鍋豆角排骨燜麵，我撥了幾瓣蒜配著吃，結果那天吃到肚子撐得圓滾滾。

這一切都只有活著妳才會知道，朋友、愛人、親人可以把一

件很小很小的事變得可愛，那些好的、壞的，都成了人生的一種饋贈。

有時候也許不是真心討厭，而是我們缺了一個幫我們引見人生的人，他會讓我們不害怕觸摸新的事物，像是蘸了甜辣醬的炸串，搭杯酸梅湯就很對味；鍋貼和蒜蓉醬油是最佳拍檔；妳最愛的鴛鴦火鍋，只有跟最愛的人一起才會涮得無比開懷。

誰都有迷茫無助、灰心喪志的時候，大人的世界崩潰無聲，幹嘛要一直強撐著裝堅強呢？好好哭一會就好了，想要發洩時對著牆壁痛痛快快地大聲罵出來，不要把所有壞情緒累積在心裡。

如果缺錢，那就想盡辦法努力賺錢；缺愛，那就認真去談戀愛。人生總要忙起來才不會胡思亂想。

2
...

這個女孩和男孩分手那天，男方生氣地說：「其實妳壓根就沒想過要嫁給我，妳一直在騙我。除非妳敢跟我結婚，我就信妳愛過我，婚後妳也可以再離婚，到時候我們倆互不相欠。妳不敢吧？所以妳現在提分手我一點都不訝異，反正妳從沒愛過我，我難受妳又不會心疼。」

第二天女孩真的賭氣跟男朋友去領了結婚證，她問男孩：「現

在可以證明我愛你了吧？」

男孩說：「嗯，妳知道我存款不多，本事不大，50 萬元的彩禮我能分期給你嗎？」女孩愣了愣。

他說：「我知道妳為了給媽媽看病，找遍所有親戚同事借錢，但妳為什麼唯獨不告訴我？」女孩問：「你幹嘛娶我？我會拖累你進入我人生的漩渦，你這輩子就完了。你是不是傻？你知道 50 萬元是多少嗎？我就算不吃不喝，也要還十四年！」

男孩笑著：「大概是因為妳太甜了，所以生活才讓我吃點苦頭吧。另外，我必須糾正妳一下，妳不可能一直月薪 3000 元，加上我的工資，我們倆一起不吃不喝的話，最多只需要五年。哦，對了，我也不可能一直月薪 7000 元。所以，我們一起努力，爭取有吃有喝，五年還清。」

女孩埋怨，你幹嘛要騙我結婚呢？男孩笑著說：「妳叫我一聲老公我聽聽看好不好聽，不好聽的話，我們就離。」

真好啊，**生活有多殘酷，就能多溫柔。**

我一直相信無論妳正在經歷什麼苦難，有多苦、多累，總會有個人可以陪著妳。如果妳暗戀一個很優秀的人，想要靠近他，就讓自己變得像他一樣優秀。**愛情就在不遠處，跑過去就好了。**

有時候受委屈了，給父母打個電話，父母一句，別總熬夜，多吃點好的，妳就渾身充滿力量。其實，懷抱也在那不遠處，跑過去就好了。

妳喜歡上某個人，開始追逐他的身影，是因為在妳迷茫的時候，他在不遠處鼓勵妳。其實，光就在不遠處，跑過去就好了。

妳看，妳怎麼會是一個人？

人心都是柔軟的，只是被現實折騰得有些褶皺，要相信這世上真的有天使，每天晚上會偷偷地來熨平每一顆受傷的心。

3

. . .

我覺得世上最鬼扯的一句話就是「壓力會產生動力。」

這句話試圖說服我們相信，彈簧越壓它就能彈得越高，所以別害怕生活的壓力，別害怕生活的苦難。

拜託，醒醒！壓力是真的可以壓垮一個人的，不要總埋怨自己，其實你已經做得很好了，也許只是努力的方向偏了一點點。彈簧彈得高不是因為你給了它壓力，是因為彈簧本身的彈性作用，你試試給一團黏土壓力，看看它是否彈得起來？

明白了嗎？是能力產生動力，不是壓力。

所以無論你今天正在經歷什麼苦難，儘管它折磨你、虐你、重擊你，都別給自己太大壓力，有些事一次做不好，那就做兩次、三次、十幾次，大不了熟能生巧，慢慢來，能力提升了，生活就拿你沒辦法了。你一定知道你的弱點在哪裡，趁生活還沒發現它以前，先彌補它。

口袋裡裝著糖的小孩，
運氣一定是甜的

1

...

有天晚上兒子突然從臥室跑到書房問我，家裡有沒有優酪乳？我說沒有，兒子失望地走了，過一會兒，我聽見臥室裡傳來哽咽聲：「爸爸說沒有優酪乳！」

兒子又跑過來問，爸爸，家裡有火腿香腸嗎？我看了一眼電腦上顯示的時間，已經晚上 11 點了，猶豫了一下說有。

我家樓下有間二十四小時便利商店，於是我馬上下樓買，為

了不想讓兒子失望，我就撒了小謊。兒子開心地跑到臥室跟媽媽說，爸爸說有火腿香腸。

然後，兒子把我從書房拉到廚房，要我打開冰箱找火腿香腸。冰箱打開了卻找不到，他失望得快哭了，我故作驚訝地說，一定是我們打開冰箱的方式不對，冰箱睡著了，十分鐘後你再來開看看好嗎？火腿香腸會有的，優酪乳也會有的。

我正準備換鞋去樓下偷買優酪乳和火腿香腸，沒料到老婆卻從臥室裡衝出來，學著兒子的聲音問：「爸爸、爸爸，我們家有辣條、鴨脖、小雞腿、薯片、鳳爪、養樂多、烤腸、抹茶小蛋糕、蝦條、果凍和冰淇淋嗎？」我整個人都聽暈了。

你看，人千萬不能撒謊，你撒一個謊，就要用無數個謊來圓，帶三元、兩元哪裡夠，結帳的時候我一共花了一百多塊。撒謊總得要付出代價的。

2
...

老婆熱愛批發衣服是她的老毛病，所以每次都是買一大麻袋，有一天她笑著說，夫妻一場有福同享，我也給你批發一些吧，我說好。於是我滿懷期待，有天快遞終於來了，扛來一大麻袋，然後老婆開始一件件試衣服，折騰了半小時，終於輪到我了。我

心中無限激動，換上上衣和褲子往鏡子前一站，整個人青春亮眼，我準備試下一件，這樣下去搞不好我會愛上鏡子裡的自己。

老婆說：「就這樣。」

我問：「完了？」

老婆說：「嗯，完了。」

就兩件？老婆笑著說，人家店長就送這兩件。快誇我，我是不是省錢殺價小能手？

我說：「妳買了1000多塊錢的衣服，就送我兩件，合適嗎？我們之間還有愛情嗎？」

老婆笑著說，話不能這麼說，每人平均500多塊呢。

我笑著說：「去妳的平均！」

然後我從老婆的一堆衣服堆裡拉出來一件厚厚的羽絨衣，欣喜若狂，我說我要穿這件。可是無論我怎麼努力擠進去，我跟這件羽絨衣始終沒有緣分，你看，喜歡有什麼用，人生就是這麼艱難，並不是努力就有結果。我穿起來像是一隻蹩腳的企鵝，直到那一刻才知道，中年男人一胖，春天就不再來了。老婆看了哈哈大笑。

可我也有自己倔強的小脾氣，為了每人平均500塊的幸福我拼了。跪求三個月能減掉20斤的方法，很急，就三個月了，我想在春天來臨前，穿一件美美的羽絨衣。

我對婚姻的失望，只有這件羽絨衣能拯救我的尊嚴。

3

...

　　有一天下雨，我帶著兒子到樓下玩，他當時很迷戀跳泥坑，穿了小雨鞋和小雨衣，到樓下後卻發現常跟他一起玩的小女孩沒穿雨衣，在毛毛細雨中跑著玩。兒子就把小雨衣脫掉，跟小女孩一起玩嗨了。

　　玩夠了準備回家，我和他說你這樣很容易感冒的。

　　他說：「×××也沒有穿雨衣。」

　　我說：「你可以把你的雨衣借給小姊姊穿啊！」

　　他說：「我要陪她在雨裡一起跑。」

　　我說：「可是你會感冒啊！」

　　他說：「你不覺得她玩得很開心嗎？」

　　我問：「那你開心嗎？」

　　他笑著說：「超級開心。」

　　老婆正好下樓拿快遞，我問她是不是覺得下雨很浪漫？

　　老婆愣了一下看著我說：「並沒有。」

　　我說：「妳看，那毛茸茸的雨絲，多可愛！」

　　老婆說：「並沒有！」

　　我一把搶過老婆的傘收好跑開，老婆追了上來，那一瞬間，她跑在毛毛細雨中，很可愛！我知道她會給我一個擁抱，感謝我陪她在雨中浪漫奔跑。婚姻就是這樣，你得學會製造驚喜。接著

我抱著她在雨裡轉圈，一圈又一圈，然後我老婆微笑著站在我面前，踢了我屁股兩腳。

兒子看了哈哈大笑，問我：「爸爸，你玩得開心嗎？」

我拿完快遞回家躺在沙發上，有氣無力地跟兒子說，完了，完了，爸爸感冒了，需要集齊兩個親親才能拯救。兒子親了我一下，又大喊：「媽媽、媽媽，爸爸還缺一個親親，妳快點來！」老婆拿著拆開的快遞說快試一試，這件羽絨衣適合嗎？

我咚一下子馬上從沙發上跳起來，開心不已，兒子懵懵的，哪裡懂得成年人的開心啊，我也是一個有羽絨衣的男人了，這關乎我整個冬天的尊嚴。嗯，就靠它藏住啤酒肚了。我穿上衣服，感覺衣服有點瘦，看來是衣服一路翻山過河，累瘦了。我尷尬地看著老婆說，這衣服有點小。老婆笑著說，你還有三個月的時間，不過，這次只減 10 斤就夠了。

你看，你以為結了婚，就可以放心愉快地胖，可是愛情只喜歡那個穿衣顯瘦、脫衣有肉的你。**沒辦法，想擁有的東西，每一件都值得付出代價，因為得到的那一刻，心裡就會甜滋滋的。**

那一瞬間兒子突然教會了我，**人生的甜，是從你做的那件能讓你心裡甜滋滋的小事開始的**，你不能因為害怕感冒，就放棄在雨中開心奔跑；你不能因為害怕婚姻的瑣碎，就不去製造甜蜜。記住，口袋裡裝著糖的小孩，運氣一定是甜的。

但首先，你得要先有一塊糖。

愛，
這樣說

你不能因為害怕感冒，
就放棄在雨中開心奔跑；
你不能因為害怕婚姻的瑣碎，
就不去製造甜蜜。

戀愛甜算什麼，
婚姻甜才硬氣

1

· · ·

其實婚姻很麻煩。

每天都有一堆亂七八糟的瑣碎事牽制、折磨、消耗，你覺得努力賺錢養家糊口，對其他事充耳不聞就好了？不行，下班回家鍋要洗、碗要洗、地要拖，看什麼都不順眼，等有了孩子，整個世界更是一個超大、字體還加粗的 **「*麻煩*」**。

看到一句話深以為然：「**戀愛之所以美好，是因為它把麻煩推給了婚姻。**」

婚姻就像一個糖果罐，你往裡放、往外拿都很開心。可是如果你總從裡面拿取結婚前儲存的糖，糖罐空了就會感到失望。壓垮婚姻的關鍵之一是沒有糖了。浪漫、甜蜜、溫柔，好像在結婚那天就被沒收了，取而代之的是彼此的脾氣越來越急、越來越暴躁，久而久之變成了一個情緒怪物。

婚姻沒想像中那麼甜了。妳記得最近一次婚後約會是什麼時候嗎？妳記得最近一次親吻嗎？妳記得最近一次他讓妳少女心怦怦跳的那一刻嗎？

戀愛的日常是秀恩愛，婚姻的日常是秀恩愛，愛情這東西妳不用也會生鏽的，嫁給愛情沒用，妳得活成愛情的模樣才行。我常聽見很恩愛夫妻分享祕訣：再忙也要約會，為什麼？因為那是給婚姻的糖果罐裡放糖。

妳其實很清楚愛情出了什麼問題，缺糖就補糖，幸福和不幸都是一念之間的小決定，有些人月薪 5000 元就很開心，有些人月薪過萬還是很焦慮。

若總是盯著更高的欲望看，脖子就容易痠，自我滿足是生活裡甜甜的小安慰，既然是自己的人生，那就按照自己的節奏去過就好了。

米飯煮熟了就蓋上魚香肉絲，湯麵煮熟了就加入紅燒牛肉，吃不起榴槤、披薩、生魚片也沒什麼好悲傷的，來點肉夾饃、涼皮也能填飽肚子，繼續努力阿，人生很長，有天一定可以吃上辣雞塊、炭烤生蠔、麻辣小龍蝦。

必須把婚姻裡的麻煩一個一個地解決掉，別假裝看不見，就像指甲上的倒刺，不理它有一天就會撕裂般的疼。

別累積壞情緒，別累積小抱怨，妳沒發現，婚後妳大笑的次數正在慢慢減少嗎？

2
. . .

日子要想甜起來，妳就得想辦法讓自己更優秀，妳曾是他萬里挑一的小可愛，底子好，就不要浪費人生了。甘蔗再甜還是要一口一口嚼才能吃出甜汁；蜂蜜再甜，大熊也是冒著被蜜蜂螫的風險才能吃到，沒有誰一下子就能把婚姻經營得很好，溫故知新就好。

如果妳曾對一場婚姻感到失望，那麼，仔細問問自己下面這些問題。

第一個自問自答：我還要跟他過下去嗎？

要，那就好好過，找到婚姻出問題的原因，解決、不停地解決。一輩子很長，如果兩個人沒有愛情，只為了白頭偕老，那會又累又孤獨。但只要兩個人願意改變，願意找到戀愛的狀態，日子一定會越來越好。

生活就是不停地暴露對方的缺點，不停地互換三觀，最後形成統一戰線的過程。妳和他，不可能永遠都符合對方的期待，只能尋找一個平衡點，妳剛好愛他，他剛好愛妳。

婚姻才不只是 0.5+0.5=1 的結合，更多的是今天 0.2+0.8=1，明天 0.3+0.7=1，很多人說這樣叫「妥協」， 其實我更願意說是「你願意為了愛情而變得更好一點」。

第二個自問自答：我還開心嗎？

積極正向地去看待妳的另一半，如果有一天他惹妳生氣了，妳先假設他是無辜的、無意的，那麼妳的婚姻就會變得可愛些，沒有誰是奔著要離婚去相處的。

從生活裡找到一點讓自己開心的小事並不難，妳還是那個買到路邊好吃的小蛋糕就很快樂的小女孩；還是那個短暫離別後再重逢會感到心動不已的小女孩；還是那個為加班的老公做好晚飯等他回家的小女孩。

婚姻其實真挺難的，兩人身上都有很多看得見或看不見的責任，做不到互相理解，那至少還是可以給對方一個讓他開心的

理由吧。

第三個自問自答：他還能讓我變得更好嗎？

我一直覺得婚姻是最好的增值期，因為妳要跟一個人協同作戰就必須更優秀，否則會影響戰鬥力，所以生活上得努力讓自己變得更好。

微博私訊裡有個女孩問我，沒有麵包的愛情能走多遠？我回答說，可以一直走到有麵包。妳仔細想想，這年頭缺的是麵包嗎？缺的是愛情啊！碰到一個喜歡的人，我覺得妳肯定會找到無數個辦法一起走下去。身邊很多朋友大多是在結婚後日子過得越來越好，為什麼？因為日子過的有幹勁，能跟喜歡的人共謀宏圖大業，那該有多開心啊！好的愛情，可以讓兩個人互相滋潤、成長茁壯的。

第四個自問自答：我做好失去他的準備了嗎？

如果妳確實累了，感到無力挽回、被消耗殆盡了，不如就放自己一馬吧！別為了任何人跟一個不愛的人在一起，也別為了面子跟一個不愛的人在一起。我知道妳很甜，但是也只夠甜一杯水，別指望去甜一條江河。

婚姻不是一下子變壞的，我建議妳經常看一下妳的糖果罐，裡面還有多少糖，如果妳是小饞貓總想拿一塊吃，沒事的，可是也要記得有糖的時候往裡頭放。如果糖有些少了，那就忍一忍，

存多一點再吃，千萬別把糖吃光了才想起應該去賺一塊糖。

別怕婚姻有麻煩，一起解決麻煩也是兌換糖的一種方式，如果頭頂上有一朵烏雲，不期而遇的也許會是一場雨。

愛情不會出問題，
是我們出了問題

1
...

　　老郭不喜歡吃魚，但他女朋友大喜很喜歡吃魚，後來，他們
分手了。分手後，老郭開始研究魚，尤其是大喜最愛吃的烤魚，
最後還在延安三路和台東八路的交叉路口開了一家烤魚餐廳，叫
大魚等於二。他請我去吃，我問他這個店名有什麼寓意嗎？

　　老郭說大魚等於二，就是一條魚適合兩個人吃，套餐價格
199 元，你要是一對情侶，結帳前簽了「不分手協議」，套餐價

格就變成 99 元，但兩年內不准分手，如果分手就要雙倍補償，一人給我 100 塊。當然，你也可以不參與這個遊戲，完全自願。

我問他怎麼知道人家一年後有沒有分手？老郭笑著說：「簽協議時會留電話，我定期電話回訪。**其實我是想告訴他們戀愛要有所敬畏，要有儀式感，你心裡惦記著這麼一件事，說過不分手就要說到做到。**」

我問他：「你還愛著她？」老郭低著頭說：「她以前總是讓我做這做那，說這樣對以後好，我覺得煩。她買了個漂亮的頭花，我問她幹嘛買沒用的東西，她笑著說，便宜啊！她買過無數在我看來沒用又占地方的東西，後來我們分手，她搬家時東西裝滿了卡車。她有一個小本子忘記拿了，你知道上面記了什麼嗎？從我們戀愛那天開始，她就計畫要嫁給我了。」

我問他前段時間你託很多朋友拍一個微店（編注：微店是網路上的電子商務銷售平台）裡看起來沒用的東西，那個店鋪應該是大喜的店鋪吧？

老郭說：「很搞笑吧！她愛你的時候你覺得她幼稚，她不愛你了，你卻用幼稚的辦法去愛她。你覺得愛情癢了，親手拿起刀捅下去，好了，現在不癢了，開心了吧？有天我回家很晚，樓梯裡的燈壞了，我突然想起來她很多次要我去修我都沒修，分手了我才把那個燈修好、分手了我才換掉了壞冰箱、分手了我才修好

了浴室裡滴水的蓮蓬頭、分手了我才後悔沒好好愛她，讓她以為愛情原是這麼糟糕。」

　　我問老郭為什麼不去找她？老郭說：「大概是可笑的自尊吧！我想把所有糟糕的東西都修好，再迎娶她回家。」

2

. . .

　　老郭跟大喜談戀愛那時，多可愛啊！

　　大喜喜歡吃烤魚，可是老郭不喜歡吃魚，他就點兩份小菜，老醋花生和糖拌番茄，笑著跟大喜說：「妳看，妳看，一生一柿。」大喜笑著問，你會愛我一生一世嗎？老郭回問：「妳呢？」大喜想了想說；「我只會愛到你不愛我為止。」老郭說那妳得努力啊，算命先生說我能活到九十九。

　　大喜笑著說：「你是不是傻，你什麼時候算的？準不準？」老郭笑著說絕對準啊，小時候用電腦算命的，科學吧？妳往機器上一站，輸入出生年月日，就列印出一張命運提示。

　　那天吃完飯，大喜說：「我們走路回家吧。」然後大喜一直低著頭走，不開口說話，老郭問她今天是不是有什麼不開心的事？大喜還是沒有說話。

　　走了很長的一段路，大喜突然開心地跳起來說，你快抱我。

老郭一愣。大喜笑得像個小孩說：「飯後百步走，活到九十九。我不能再走了，活到一百歲，就得多愛你一年，你都不在了，我還愛著你，那多累啊！」

老郭說：「所以，我現在得背妳回家？」

大喜說：「對啊，我得多省點力氣，這樣才可以愛你愛到九十九。」

3
· · ·

後來我問大喜，還愛著老郭嗎？大喜回我：「搬家走的那一天，我在卡車上問了自己一個問題，我這輩子除了嫁給老郭，難道就沒事可做了嗎？我總覺得他應該這樣，應該那樣，他變成了我想像中的那個樣子。可是，那不是老郭，我們都在愛情裡迷失了，**你在愛情裡最迷人的樣子，就是你自己原來的樣子，不是對方希望你成為的樣子。**」

那天大喜去了老郭的烤魚店，她笑著問：「你們店裡有一生一柿嗎？」老郭愣了愣。大喜指著桌子上「不分手」的宣傳單，笑著問這個活動是長期有效嗎？老郭點了點頭問：「自己一個人？」大喜笑著說兩個人，我在等他。

老郭心裡有那麼一點難過，但還是笑說：「妳來就免單，我

請你們吃。」大喜笑著說你也是開門做生意，我哪能來蹭吃，要不我就去其他家吃了。在這吃，我老公一會兒會來買單。

老郭問她：「妳結婚了？」大喜說快了，在準備。老郭說：「那，恭喜妳了，今天這頓烤魚就讓我請吧。」

大喜看著桌子上的功能表，功能表上附加著「不分手協議」，點完菜願意參與活動者，只要簽名就好，大喜指著菜單問，是在這簽名嗎？老郭點點頭，思緒萬千。

大喜笑著簽完了名字，抬起頭看了老郭，笑著說：「愣著幹啥，簽名啊！」老郭問什麼意思？

大喜說：「這不是你自己定的規則嗎？情侶才可以吃，簽了不分手協議，兩年內不能分手。」老郭感到眼眶一紅。

大喜說：「你是不是傻呢？背著買我微店上的東西，好歹也換一個我不知道的收貨位址啊。我說了八百遍你就是不聽，要多吃魚才會變聰明。吃完這頓魚我要減肥了，去年買的那件婚紗我穿不上了。」

老郭笑著問：「妳這是要結婚的節奏嗎？」

大喜笑說：「我掐指一算，你從我微店買了那麼多結婚的小物件，應該是要結婚了，可是你缺一個新娘啊，我就來了⋯⋯」

嘿！愛情不會出問題，是我們出了問題。

愛，
這樣說

你在愛情裡最迷人的樣子，
就是你自己原來的樣子。

跟對的人在一起，
廢話都會變成情話

1
...

我問過一些結婚十年以上的朋友，婚姻七年之癢的那一年做了什麼？

老呂回我：「沒癢過。」我笑著說你騙人，誰家的婚姻不癢啊？老呂很認真地問我：「你還記得當初是怎麼追到老婆的嗎？」我說當然記得。

老呂說要記住那種感覺，你只要做不好就會失去她，這樣就

不會辜負跟她過的每一天，懂嗎？一個人在一個職位上如果沒有被裁的危險，難免會想混日子。婚姻會癢是因為總是覺得我這輩子吃定你了，但這都是胡扯！你若不努力去愛，離婚要比結婚簡單多了，不用宴客、不用婚宴、不用拍婚紗照。

擁有一個人要耗盡一輩子的力氣，失去一個人只要放手就行。

同樣的問題我也問過梅姐，梅姐笑著說，女人得壓得住自己的場子。我求解。梅姐說：「你看過世界盃足球賽吧？前鋒再厲害，如果守門員壓不住場子，就還是會輸。婚姻不能總是打進攻戰，那樣太消耗體力，你得會防守，打的就是夫妻配合。老公辛苦衝鋒賺錢養家，老婆就守好後院不起火。若是願意做女強人在商場廝殺，那麼回家就卸下鎧甲當個小女人。什麼叫夫妻？就是生活一記利劍過來，你敢替他擋。所以我老公有苦一定找我訴說，而不是找其他女人去講，他敢掏心掏肺，是因為我會填補。婚姻要的就是這種信任和被信任感。」

2
...

我曾問過一些結婚五年以上的朋友，婚姻裡最甜的一件小事

是什麼？

　　華哥說：「回家吃飯。」他們夫妻間有一個默契，誰先下班回家就在樓下的超市買幾樣菜，做飯等另一個人回家。

　　誰有了開心的事就買點禮物給對方稍微慶祝一下，他知道老婆愛吃紅燒豬蹄，老婆知道他愛喝點啤酒。

　　孩子富養，老婆也得富養。其實老婆根本不是真正在乎吃什麼穿什麼用什麼。老婆嫌留長頭髮帶孩子打理起來麻煩，想去剪短，我知道她喜歡長髮，就買了一個折疊躺椅，不貴，我和老婆說：「妳想洗頭髮時告訴我一聲，妳躺著我幫你洗，Kevin 老師洗剪吹很專業的。」老婆笑罵買這破玩意沒用，可是躺下洗頭髮的時候還是開心得跟個孩子似的。

　　華哥說：「給全職太太最好的禮物就是下班早點回家，為她做頓飯，打掃一下家裡，甚至只是誇她一句，她都覺得很浪漫。婚姻裡沒那麼多驚天動地的大事，都是些平淡的小事，你不讓老婆委屈，那麼生活也不會委屈你。」

3
...

　　好友悠悠說：「喜歡和先生躺沙發上聊天，說一大堆的廢話。有時候會一起回憶起談戀愛時有趣的小事。

一開始我們是異地戀，約會時打算看場電影，結果他買錯電影票，買了第二天的場次。我問他怎麼這麼馬虎，他笑說我想多跟妳約一天會。我也是傻，捨不得浪費一張電影票，就傻乎乎地多跟他約會一天。

戀愛的時候如果吵架了，他生悶氣不理我，我就拿著他最愛喝的奶茶，把塑膠吸管戳在他嘴邊，他忍著忍著，後來忍不住就喝了，對我很嚴肅地說，吵架就吵架，不准搬救兵。原來奶茶是救兵，我噗哧一聲就笑了。

這些年我對婚姻意義的理解是，**你跟對的人在一起，說再多的廢話，都會變成情話**。每回憶一次就甜一次，相愛就是這樣溫故知新吧！」

4
• • •

我也問了一些才剛新婚的朋友，為什麼結婚？

晴晴說因為相互喜歡，做什麼、去哪裡、吃什麼，統統不重要，只要是跟他在一起就好。你不覺得有些人跟你就是百搭嗎？他吃包子皮，你吃餡兒；他涮麻辣，你涮清湯；他吃蛋黃，你吃蛋白；他上天攬月，你豎梯子；你下海捉鱉，他撐開網。就是喜歡跟他在一起，所以才結婚啊！

大寶說因為彼此合適。**婚姻是兩個強者的風花雪月，不是兩個弱者的苦大仇深。**不合適的人在一起就是互相折磨，顏值不匹配、財力不匹配就得有別的長處補，只要不是兩情相悅，其中一個人就得妥協，但婚姻不是靠委屈撐起來的。

你可以喊著要嫁給愛情，但生活的現實會教你重新學習。愛是基礎，但不是生活的全部，經濟基礎還是決定上層建築高度，日子無法過得像是不食人間煙火的偶像劇，多多賺錢，對你、對愛情，都有意義。當你在婚姻裡缺過一次錢，你就能清楚明白了。

5
. . .

如果當初不是湊合著結婚，那麼為什麼時間一久，你最愛的人卻變成錯的人了呢？是因為「忽視」，一個人忽視了另一個人的愛和付出。我發現那些婚姻可以維持很久的人有一個特點，他們都沒有忘記隨時去關愛對方。有時候你得反省一下，家裡廚房使用的次數、沙發使用的次數有多少？你跟另一半面對面吃飯、接吻及替對方解憂的的次數一週有幾次？那就很清楚自己對於愛情還剩下多少溫度了。如果生活只是從愛情裡取暖，而忘了給愛情加溫，最後，愛情就會變涼。

心疲憊時問問自己，換一個人結婚，婚姻就會比較好嗎？

可是，當初妳說妳是嫁給了愛情啊！讓妳疲憊的從來不是路途遙遠，而是鞋裡的那一粒卡腳的小石子，如果妳仍打算繼續婚姻旅程，就趁早把鞋裡的小石子清掉。

「我愛你」其實是一輩子的功課，一天不相愛，沒人看得出，一週不相愛，吵架又動粗，一個月不相愛，婚姻輸了哭。妳可以騙過鄰居，可以騙過時間，但妳騙不過自己的心。

妳結婚的那天說過的「我願意」，可是要一生一世的。

生活殘酷怪獸
總是愛欺負
那些不相愛的情侶

沒有化解不了的爭吵，一大袋零食就可以一笑泯恩仇，如果不行，就用兩袋。

1
...

　　結婚三年後的某一天，我發現這幾年胖了 20 斤、喝啤酒知道要放枸杞、逛菜市場知道叫老闆送香菜，唯一沒變的是老婆還是很慣著我，願意滿足我各種無厘頭的要求。

　　有一天，我食欲不振，老婆問我想吃什？我思考了一下說：「想吃綠皮火車上的那種泡麵。」老婆說：「行」。我說要加一個滷蛋，老婆說：「行」。我說還要一根火腿香腸，老婆說：

「行」。

接著我們叫了計程車直接去火車站，坐上發車時間最近的Z字頭火車（編注：Z字頭是指直達特快列車），火車啟動後，老婆從背包裡拿出一碗泡麵，撕開包裝，然後放進滷蛋、火腿香腸。正好趕上午餐時間，火車上等著用熱水泡麵的人也很多。我抱著泡麵去排隊。接完水回到座位上，老婆說馬上就要到站了。因為原本計畫一站足夠吃完一碗麵，可是世事難料。

我問老婆麵還沒泡熟怎麼辦？看看手機上的時間，又看看眼前的泡麵，我不想狼吞虎嚥地吃完，會辜負這碗泡麵的，泡得半生不熟的麵沒有靈魂，就算你吃完了，也只是得到了它的「麵」，沒有得到它的「心」。

老婆問：「要不要多搭一站？」我說好。

我拿著身分證和車票去補票，穿過了幾節車廂找到列車員，我突然想起以老婆的吃貨定力，守著一碗加了滷蛋和火腿香腸的豪華版泡麵，等我補完票估計連泡麵碗都沒了吧！

補好票回到座位後，發現桌上泡麵碗還在，正準備開吃時，老婆突然說：「你先別吃，我要跟你說件事。」我說好。

老婆問我：「你有沒有發現世上所有失去的東西，後來都會換一種形式回到你的生活裡，春天種下的種子，秋天成了麥浪，拋進河裡的石頭，變成了水花；你點一碗麻辣小龍蝦，換了一整個開心的夜晚。古人說種瓜得瓜種豆得豆就是這樣，世上所有因

果都有福報。」

我問她：「所以呢？」老婆說：「你去補票的時候，種下了一碗泡麵。」

隱約中我有一種不祥的預感，緊張地笑問：「那我到底得到了什麼？」老婆偷瞄了眼旁邊沒人注意，在我臉上偷親了一下笑問：「開不開心？」

我打開泡麵的碗，裡面只剩下一顆小牛肉丸，我說：「所以這就是你把我的泡麵吃掉的原因？」老婆說：「你不覺得這個牛肉丸很可愛嗎？」我難過得不想說話。

老婆怯怯地問：「要不要再多搭一站？我重新給你泡一碗？」我馬上掏出車票遞給老婆，她看了一眼問：「這是要去濟南嗎？」我笑著說：「驚不驚喜？這碗泡麵我今天吃定了。」

果然還是我技高一籌，這些年的婚姻，每天都是在鬥智鬥勇啊！

我太瞭解老婆，她開心的時候，用榴槤酥哄；不開心的時候，要用草莓蛋糕卷哄，我家常備的「滅火器」是冰箱裡的黃桃優酪乳、抹茶冰淇淋和水果果凍。

沒有化解不了的吵架，一大袋零食就可以一笑泯恩仇，不行，就用兩袋。

別人的老婆靈魂裡住著可愛的小精靈，我老婆的靈魂裡住著一隻飢餓的小精靈。

2

...

老婆有很長一段時間一直忙著教兒子英語，但她的詞彙量少得可憐，所以她在書房、臥室各處都貼滿了寫著英語對話和單詞的紙條，例如冰箱裡的番茄上貼了一個 tomato，洗手間的鏡子上貼了一個 mirror。

我問她：「妳這樣真的管用嗎？」老婆手一抬，啪！在我頭上貼了一個 husband。她笑著說：「Yes, my husband」。

老婆為了執行英語提升計畫，創造英語交流的環境，規定我們每天在家必須至少一小時只能說英語，誰說中文誰就受罰做飯、打掃，或是必須滿足對方一個願望。

這個方法真的很棒，施行一段時間後，我跟老婆都很擅長用手語比劃和眼神交流，等於我們家每天要玩一小時的比手畫腳，相當刺激。

英語學得不怎樣，但是家庭氛圍卻出奇地好，果然像老婆說的那樣，你失去一樣東西，一定會換一種形式回來。

可能婚姻如此吧，你無法阻止生活的每一次刁難，可是你仍能從每一次刁難裡找到那麼一點小開心：蔥油麵裡也能發現小肉丁，蔬菜煎餅裡也能發現雞柳，苦咖啡攪拌一下也許會碰到方糖，其實，你也不知道哪一次刁難裡藏著彩蛋。

婚姻好玩得很啊！

結婚三年，我覺得最有用的是學到兩件事，一是好好說話，一是默契配合。一件事無論好壞，都有無數種結局，故事的走向都在你開口說的第一句話時就定調了，你若是責罵、抱怨、批評，那麼收回的一定是夏天的疾風暴雨。夫妻一場，幹嘛句句帶刺制敵，你們是要一起去向遠方的人。

　　無論結婚多少年都要好好學習愛對方，值得開心的小事有很多。如果心裡有火，那就打開個燒烤架；心裡有氣，那就買幾個氣球；吃著烤肉放氣球，好像也很浪漫。誰都不可能一輩子心平氣和，但完全可以做到自己消化負面情緒，都是成年人了，不要總耍小孩子脾氣。

　　少說氣話多接吻。心往好處想，氣往別處使，日子還是很甜的。

　　生活殘酷怪獸總是愛欺負那些不相愛的情侶，對於相愛的，它真的是一點辦法都沒有。

愛情可以遲到，
但是絕不會缺席

1
...

　　我認識個女孩叫大彤。她和老公是相親認識的，都被催婚而感到煩透的倆人一拍即合，決定湊合著結婚，領證時倆人才見過三次面，結婚囍帖發出來，連介紹他們認識的朋友都嚇了一大跳。

　　朋友問：「你倆一見鍾情？」

　　大彤說：「我們剛好都需要一場婚姻，就像來了場及時雨，

便利商店有 10 塊錢一把的傘，我們都不願意站在便利商店前等雨停，剛好順路，於是他出 5 塊我出 5 塊，共用一把雨傘。」

他們第一次見面後大彤發了一條訊息給我，說了很多自己的故事，最後她說了一句有點沮喪的話：真想隨便找個人結婚算了。

我回她：「就算是湊合著結婚，我覺得也應該考慮清楚以下幾個問題：第一、妳的身體討不討厭他？第二、他說話的時候妳願意聽嗎？第三、妳能容忍他的缺點嗎？即使容忍一輩子也沒關係嗎？第四、如果他一輩子都不會愛上妳，妳也無所謂嗎？」

第二次見面後，大彤又發了一條訊息說：「一輩子沒愛過別人也沒被別人愛過，是不是很可憐？」

我回：「有些人努力賺錢提高生活品質，敢拼敢輸，從不妥協將就，有些人就算孤獨終老也要等一個真愛，妳敢嗎？無論如何，在時間的長河裡，自我成長更重要，也許妳會碰到一葉扁舟，也許妳會碰到一艘漁船，也許妳會碰到豪華遊艇，但是妳得先學會游泳，長河茫茫不知去往何方，有人逆流而上，有人順流而下，那都是人生，妳不能白來一趟。」

他們第三次見面，男生問了她一個問題，如果有一天，我們其中一個人遇到了喜歡的人，另一個人該主動退出嗎？

大彤問：「你怎麼想呢？」

男生說：「我尊重妳的意見。」

大彤想了想說：「這樣吧，我提個建議，我們結婚三年後，

找一個雙方父母都能接受的理由離婚吧！至少這三年內沒人會干涉我們的生活，不管要努力工作也好，遇見愛情也好，反正現在你我需要這麼一段自由的時間大於需要一段婚姻。」

男生說：「好，成交。」

2

· · ·

我一直很好奇，能維繫婚姻的到底是什麼？錢、性、愛，抑或是忠誠、妥協、包容？

對於大彤夫婦來說，婚姻裡除了口頭約定，其餘什麼都沒有，結果結婚一年零八個月後，大彤在朋友圈曬了一張超音波圖，開心地說：「都準備好大紅包，我家寶貝要出生了。」

那時候她懷孕六個月，整個人狀態超好，辭職在家養胎，還經常在朋友圈曬自己烤的餅乾、種的多肉植物、看的一大堆關於怎麼教育孩子的書。

我很驚訝地問她：「你們倆到底發生了什麼？」

她回了一個偷笑的表情，然後說：「發生了愛情。」

我說：「所以你們是婚後才開始談戀愛？」

她說：「對啊，有一天我路過一家男裝店，看到一條領帶很漂亮，突然覺得我老公打上肯定很帥，於是就買下了。我幫他打

領帶時，他很小心翼翼地問我能不能親我一下？他說自己從小到大從沒親過女生，不知道是什麼感覺。然後他就親了我額頭。我笑著問他：「很失望吧？」他突然很認真地說：「我不知道自己是不是喜歡上妳了，有時候沒見到妳，還挺想妳的。」我笑著說：「我是你老婆啊，你想我不挺正常的嗎？」

我問大彤：「那妳怎會突然想給妳老公買領帶？」

她說：「也不是突然，我過生日那天，晚上他正好要出差，中午他跑到我公司，拿了一個小蛋糕，點了蠟燭讓我許願，還幫我唱生日歌。有一天下大雨，我從小就怕打雷，他剛好在加班，我給他發了一條訊息說自己怕打雷，他就馬上回家了。第二天早上我給他做早餐，他說很好吃。好像就是這些瑣碎的小事把我們兩個慢慢地連在一起，然後心裡就有了對方。」

我問大彤：「你們也會吵架嗎？」

大彤說：「吵啊！不過已經不記得為什麼吵架了。有一次把他氣壞了，嘟著嘴不知該怎麼反駁，最後冒出一句『你我都各退一步，三年很快就過去了。』我當時愣住了，其實我不該干涉他的生活，說好彼此有獨立空間的，但那時候我帶入了老婆的角色，拿他當丈夫了，可是他只當我是室友。我們原本可以合租三年，最後好聚好散，或許是我先動心了。」

我問她知不知道老公是何時愛上她的？大彤說：「他說第一次相親的時候不清楚自己是不是動心了，於是隔了一段時間又

約，還是喜歡跟我坐在一起，第三次約會時他就試探結婚的事，我就同意了，當時我心想隨便找個不討厭的人結婚就行。他說一個女孩子總是可以找到一個理由拒絕約會，但那時候我沒有拒絕，既然妳敢赴約，那我們為什麼要錯過？」

3
...

後來我想通了一件事，婚姻關係靠什麼維護？不是「愛」，是愛該如何表達。大彤是幸運的嗎？

我們很難一眼就看透一個人，有勇氣選擇跟那個人過一輩子，感情最後都得靠自己經營，而最好的方式就是好好表達愛。

大彤很長一段時間用各種方式表達愛著老公，她說下雨天去給他送傘是因為自己害怕打雷；她說給他做早餐，是因為不小心做多了。明明心裡有愛，嘴上卻死不承認，或許妳自己都不知道是哪一天，他就住進妳心裡了。

但為什麼大多數湊合在一起的婚姻，最後都不歡而散呢？是因為雙方壓根就沒把婚姻當成一回事兒，只是湊合著過，反正一開始遇見的就不是對的人，走到哪算哪吧。

若你在婚姻裡走一步看一步，態度不端正，早晚會吃虧，反之，你若是下定決心要把日子過好，不去浪費別人的人生，那麼

別人也不會浪費你的人生。

希望你永遠別湊合著過日子，愛情可以遲到，但是絕不會缺席。

對生活認輸沒有用，
你得學會反擊

一切都會過去，我們都會好好的……

別總跟自己許願，有本事就自己實現一個。

1

...

有讀者問我：「曾經被現實打敗過嗎？」

我說沒有，但經常被現實打趴，有時候我就趴一會兒，有時候我會站起來繼續。有了老婆孩子後，就得皮糙肉厚還扛得起揍，生活從來不手軟的。

是啊，人生就是大起大落落落落落落，現實就是苦苦苦苦苦苦苦盡甘來。誰不曾有熬不下去的那一刻呢？能說與人聽的不

過苦中之一、二，人們的悲喜並不相同，你最好還是得自己安慰自己。

「熬過去，一切都會好轉的。」當然，這句話說出來一點也不輕鬆。

2
...

你以為，熬過異地戀，就能永遠在一起。

一個女孩的私訊裡說：「我有 108 張車票，酷不酷？我的青春年華啊，要是這些車票錢當初都用來買好吃的，應該不至於發育不良吧？」

妳省掉無數飯錢去看的那個心上人，最後還不是娶了別人，能找誰說理去？妳偷偷計畫著下一次見面要給他什麼驚喜，他卻猶豫著分手該怎麼說才不被叫負心。

妳發燒 39 度時在醫院掛點滴，他說公司加班開會。妳本想撒嬌，最後只得吞下所有委屈，自己舉著點滴瓶去找護士換下一瓶，安慰自己這可是中了再來一瓶。

分手後妳可以一個人吃飯、一個人看電影、一個人吃火鍋，想想當初幹嘛非得談異地戀？省下來的錢一個人想吃什就吃什。

他說他愛妳，妳就跋山涉水去看他；他說不愛了，妳手裡握著一大把車票，卻不知道該往哪去，妳看，愛情總歸是砸在手裡了吧？！

以後誰還勸妳異地戀，妳一定會甩他一臉車票叫醒他。

3
...

妳說，失戀，不過是一場刻骨銘心的演出。

妳說：「失戀嘛，沒有什麼大不了的。可是我真的做不到不去想他、不去想從前、不去想他說的那些話，一到晚上就不停地哭。」

其實愛情的對手戲早殺青了，妳卻不忍離開片場，總以為導演會給妳安排個客串。只是一個路人甲的角色妳卻花了一年時間才醒悟，他確實不愛了，甚至都結婚了。妳突然起那一句詩「你在婚禮上，使用紅筷子，我到向陽坡，栽下兩行竹」。

妳說把以前他送的東西收拾到一個大箱子裡，搬到樓下扔了，真沉。我問妳：「那麼多那麼重的東西說不要就不要了？」

「對啊，我一百多斤，他不是也說不要就不要了嗎？」妳說。

時間真夠絕情，它把妳所有曾經視若生命的東西，變得不重要了。

只有撿回收的大媽笑著帶走了，早知道這些讓妳掉眼淚的東西可以換一個陌生人的笑，早就該換了。

不是不相信愛情了，而是吃不慣的東西不再吃了，學會挑好食物了。

4
...

他說，熬過沒錢的日子，以為就可以幸福了。

一個男孩和女孩說：「再等等，我一定能買得起房子，然後去迎娶妳。」

可是她爸爸媽媽不願意等。她結婚那天，你穿得很帥，還包了 10 萬元的紅包，你其實就是想讓她爸爸媽媽知道，你有能力給她幸福。到了婚宴門口，你盯著她穿婚紗的樣子看了又看，最後放下紅包就走了，因為你還深愛著她，不想讓她難堪。

那個 10 萬元的紅包是你能給她的最後一份愛，希望她幸福，也打從心底祝福她，「畢竟我曾經讓她受過苦，她也曾天真地信過我會愛她一生一世。」你說。

賺到錢以前你再也不輕易說愛了，無論喜歡誰都會偷藏在心底，因為你明白了，感情亦是一種責任。想留在生命裡的東西，都得靠本事拼回來。

5

...

生活很苦，但是別沮喪了，光是認輸沒有用，你得反擊。

你說：「我做事總是三分鐘熱度。」可是你知道三分鐘乘以 365 天是什麼樣子嗎？

你說：「我相信愛情，但是不相信會發生在我身上。」可是你從沒有努力去追求過喜歡的人，愛情憑什麼從天降臨？

你說：「我收入低。」但捫心自問，你何曾為了提高收入做過努力？

你那麼看輕自己，現實就會多踩你一腳，你憑什麼抱怨，是你先跟生活耍賴皮的。你現在過得真的是你想要的人生嗎？別人在生活背後為了目標吃了無數的苦。你卻是夜深人靜躊躇滿志，第二天醒來繼續喪得理直氣壯。

這個世界很現實，努力的人才有機會過上自己想要的生活。其他人只能湊合個普通的人生，然後安慰自己平平淡淡才是真。

我們都會在生活的煩惱裡成長，找到跟它對峙的方法。逃避看上去很爽快，但完全沒有用，你遲早得把肉身磨成鎧甲，你會哭，說生活壓得你喘不過氣，也能一拳放倒生活，開心地笑。

那個異地戀的女生最後還是會勇往直前地去愛，那個失戀的女生會在下一場愛情裡被寵得很甜，那個赤貧的青年終於存夠了錢，也存夠迎娶心愛女生的信心。

你看，現實想打敗你，說實話也沒那麼容易。

一切都會過去，我們都會好好的。別總跟自己許願，有本事給自己實現一個。

相愛沒那麼容易，
每個人都有他的脾氣

1
···

有天吃飯的時候，老婆嚴肅地說要商量一件事。通常我們家的事，都是老婆說了算，大到什麼時候買房，小到她給我買 9 塊 9 含運費的帽子，都是不可能商量的。在老婆的每一個決定裡，我的建議也就只是增加豐富性和多元化。

「妳等會」，然後我端起一杯水，笑著說：「我先喝一口水，妳說吧，要是嚇到我了，我怕我白開水會噴妳一臉。」我喝口水，

兩頰撐得鼓鼓的，像條可愛的金魚，看著老婆，覺得自己特別機智，一下子就阻止了老婆的陰謀。

老婆笑說：「中午你哄兒子睡覺。」嗯，我放心了，然後就把水吞下去。

老婆說：「看把你嚇的，我還能跟你商量什麼，買房？你又沒錢。」我笑著回：「就是，怎可能是商量買房呢。」

老婆邊笑著正色說：「嗯，是買房。」「嗯～妳再說一遍」，我再喝一口水，笑著看老婆。老婆說逗你呢，我才又放下心。

老婆接著問：「要不，我們買輛車？」我說可以啊，反正是妳開，妳決定就行，我又沒駕照。老婆說想買貴點的車。我笑著說：「妳再說一遍。」然後再喝一口水。老婆說逗你呢，然後我又把水吞下去。

老婆眼睜睜地看著我把一杯水喝到見底，笑著說：「要不，咱們買一輛露營車吧？」我打了一個「漂亮的」飽嗝，嗝……

老婆說：「我就知道你肯定會同意的，好了，你去哄兒子睡覺吧，我去挑車了。」

我望著空空的水杯，那一瞬間居然有點難過。想起以前我們曾有個夢想，買一輛露營車由北開向南，我一邊寫故事，一邊帶著我家大金毛和兒子，領著老婆去吃她喜歡的一切，她是個碰到好吃的食物就兩眼冒愛心的女生。可是生活早就淹沒了夢想，只剩下「想一想」，連夢都不算了。

過了一會兒，我老婆拿著手機，笑著跟我說：「看了一圈露營車，我發現……」

我問：「發現妳喜歡的了？」老婆說：「發現我想多了，我們沒錢，就是過過眼癮。」

2

. . .

有次跟老婆吵架，她一生氣突然抱著我的胳膊咬了一口。我看著牙印，笑說：「妳看，妳看，我就是愛妳比妳愛我多一點。」老婆一愣。

我說：「妳咬了我，我都顧不上疼，還有工夫心疼妳牙印不齊，想著讓妳去整整牙呢。」老婆突然也笑了：「那你給我錢，整牙很貴的。」

我哈哈笑指著上排牙印說：「沒事，妳看，上牙很整齊，妳省了一半的錢，驚不驚喜，開不開心？」

然後我也不知道為什麼就從書房裡滾出來了。

幾年前，結婚時在老婆老家辦一場酒席，其中有接新娘環節。以前見識過各種刁鑽的問題折騰新郎，這個環節玩的就是心跳。

老婆說：「你在朋友圈發文，只要得到 100 個讚我就給你開門。」

神奇不？驚喜不？當年有的人集夠 100 個讚能領一口炒菜鍋；有的人集夠 100 個讚能領大玩偶；有的人集夠 100 個讚能領優惠券；而我在婚房門口集了 100 多個讚，喜提小老婆一個。

結婚這幾年，在生活裡摸爬滾打後我才終於明白，「讚」對於婚姻的意義有多重要。夫妻一場，別做對方的負評師，吵架歸吵架，千萬別往心裡去，有則改之無則加勉。我們都是婚姻裡的小學生，好好學習、天天相愛，多好，別吝嗇給心愛的人按「讚」。

當然了，如果老婆做飯很難吃，一定要勸阻她，千萬別點讚，你一按讚，她興致勃勃，搞不好你會懷疑人生。

我一直覺得，有夢想誰都了不起，但是，我老婆除外。舉例來說，老婆熱愛烘焙，買了烤箱，夢想著有一天能做出方圓三公里內最好吃的可頌。她看各種教學影片學習，只是，人家的可頌是「可愛值得用詩歌讚頌」；我老婆做的可頌，是「可歌可泣，按造型來說，應該叫可悚」，對，驚悚的「悚」。毫不誇張，可以這麼形容，人家做的可頌像是羊角，我老婆做的可頌是燒火棍

（編注：燒火棍是農村使用的一種向灶坑裡添柴火的工具）成精。

嗯，現在我家的烤箱雙層的架子一層放鍋碗瓢盆，一層放筷子刀叉，可適合了。

4
...

有一天我在廚房做飯，老婆突然問：「如果我要天上的星星，你會給我摘嗎？」

我讓她蹲下，閉上眼睛。

她問：「幹嘛？」

我說：「噓，別說話。」大概蹲有一分鐘吧，我拉著她猛然站起來，笑著說：「是不是，滿天都是小星星，一閃一閃亮晶晶，有沒有？」

老婆說：「神經病啊，你看，我就是愛你比你愛我多一點。」

我一愣，她隨手把案板上的蘋果放正，手起刀落、乾淨利索，從腰斬成兩半，笑著說：「來，給你一個很甜很甜的小星星。」

我從冰箱裡拿了幾根黃秋葵，放鍋裡燙熟了，然後放在蛋餅皮上，把秋葵捲進去，再切成一個一個的秋葵小蛋捲，擺盤還在上面用沙拉醬畫了一個五角星，整盤端給我老婆，笑著說：「來，妳憑良心說，誰愛誰多一點？」

哪有什麼完美不吵架的婚姻，不過是一邊氣得暴跳如雷一邊
又偷偷原諒。

愛，這樣說

婚姻到最後，
拚的就是誰更愛誰多一點。
休用心給婚姻按的每一個讚，
最後都會兌換成開心。

婚姻裡你用不用心，
時間都知道

1
...

　　我老婆愛花小錢，每天必須花一點，買什麼不重要，重要的
是一定要買。

　　有一天，我問她：「妳敢不敢跟我賭一把？退出支付寶一天，
妳能撐到今晚六點，就算妳贏。」老婆說：「我贏了有什麼獎勵？」

　　我說：「隨便妳。」

　　老婆當著我的面退出支付寶，果然一天沒有花錢。在阻止我

老婆花錢的這條路上我找到了新辦法，簡直想跳起來給自己一個5星好評，這個賭約簡直棒棒噠。

按照賭約，我老婆贏了，我請她吃飯。然後，我給她點了一份香辣蟹、一份麻辣小龍蝦、一份麵疙瘩湯、一份糖醋里肌。我們吃得無比開心，直到我去結帳的時候，突然感覺哪裡有點不對呢？

為了阻止老婆花小 10 塊錢買個含運費的小帽子，我要花 200塊錢請她吃一頓飯？嗯，我這個智商，不僅需要一頂小帽子，還需要一雙小手套，因為手頭緊啊！

2
...

別人家的老婆買衣服是一件一件買，精挑細選，我老婆買衣服是一袋一袋批發。

每次收到貨都是一麻袋由我扛回家，不知道的還以為我開網拍呢。麻袋撕開，衣服的風格天馬行空，老土限制了我的想像力。

老婆開心地站在鏡子面前一件件的試穿。我問她：「過癮吧？」她笑著說：「你看，麻辣小龍蝦，吃著吃著 88 塊錢就沒了；大榴槤 100 多塊一顆，聞聞味就沒了。可是，現在 200 塊錢可以買你老婆開心一個月，划不划算？做人家老婆呢，最重要的是開

心。你眼不眼饞，我換一件性感的給你看？」

以前，我總傻氣地問老婆幹嘛要批發衣服？那時候兒子剛開始吃副食品沒多久，她笑著說：「我買的這些衣服又便宜又好看，給兒子餵飯，髒了，洗不乾淨就扔了，也不心疼。你快誇誇我，是不是勤儉持家？」

想起這段回憶，我說：「妳缺錢了跟我說，我可以賺，別讓自己委屈，妳這麼漂亮，不能隨便拿幾件衣服敷衍自己。」

老婆一邊試著衣服，一邊問：「你剛才說啥？」

我說：「我可以賺錢養妳。」

老婆說：「不是，是下一句。」

我說：「妳這麼漂亮，不能隨便拿幾件衣服敷衍自己。」

老婆笑著說：「你剛才說啥？」

我說：「妳這麼漂亮？」

老婆急忙問：「嗯？怎麼變疑問句了？」

我認認真真嚴嚴肅肅地說了一遍：「妳這麼漂亮。」

老婆開心得又蹦又跳。

「妳這麼漂亮。」是多普通的一句話，我壓根就沒覺得這是一句情話，我可是個情感博主啊，寫的情話故事合起來，都出版五本書了。可是，就隨口說了這麼一句，她就能開心得像個孩子。

我以為努力賺錢給她買好衣服她就開心，可是，她買了一件9塊9含運費的小睡裙也開心；我以為請她吃大餐她就開心，可

是，她吃我做的糖醋排骨也開心。

可能這就是婚姻吧，總想著憋個大招給她一個驚喜，可是，哪怕生活裡芝麻大點的小事兒，她也能開心好久好久。她隨口說一句想吃櫻桃，我去菜市場買菜就順道買回來；她說看中一款化妝品，有點小貴，我說手一滑替妳買了單，她一邊罵著我敗家，一邊問我快遞幾天能到。

老婆這種生物，你越寵她，她就越可愛。我越來越理解結婚的時候朋友告訴我的那句話：在婚姻裡，男人最大的本事是能讓自己的老婆開心。

3
...

跟兒子一起讀書，我讓他表演開心的樣子，他很誇張地笑著說：「哇～」

我說：「表演難過的樣子。」他接著很誇張地笑著說：「哇～」我說：「這不是難過的樣子啊！」他指著書裡的一條河說：「哇！這麼寬的一條河，真難過。」

我把過程表演一遍給老婆看，她在沙發上笑得打滾，我說：「妳象徵性的笑一會兒就可以了，笑得這麼誇張，戲有點過了。」

老婆笑著說：「你不覺得很搞笑嗎？」然後老婆又表演了一

遍，我澈底被她誇張的演技逗樂了。那一瞬間，突然覺得結婚真是有意思啊，一個冷笑話就可以讓家裡變暖，一份簡單的開心就可以被複製很多遍。關鍵是，往後想起「哇」這個梗，那一份開心又會浮現。

原來婚姻是製造開心、儲藏開心、釋放開心，無數次循環的地方。

老婆笑著說：「不能再笑了，再笑眼角的皺紋回不去了，眼霜很貴的。」

我說：「你放心笑，眼霜，我買得起。」

老婆問：「面霜呢？」

我說：「買得起。」

老婆說：「水乳霜、BB霜、防曬霜、口紅、眼影、眼線、粉餅、遮瑕膏、面膜、除痘膏、去粉刺貼、潔面儀……除了霜，還有乳、露、膏、水、液，買不起了吧？喂，喂，喂，你別走啊！有話好好說。」

當你喜歡上一個女生的笑，你肯定會花盡所有心思去逗她笑。她是你一擲千金能逗笑的女生，也是你兩個「髒髒包」就能哄開心的女生。

婚姻裡你用不用心，時間都知道。

沒有錢，
你拿什麼維護你的愛情

我們得先澈底理解了生活對於我們是什麼，才能過上想要的生活。

1

...

你年紀輕輕卻不知道錢的好處，將來可是要吃虧的，尤其是在婚姻裡容易栽跟頭。

跟一個小學弟喝酒，他說：「我愛她可以愛到天荒地老，但是被 10 萬塊的彩禮錢攔在圍城外。」

是女生現實嗎？不，是婚姻很現實，光沒錢這一項，就能貢獻 80％的吵架素材。

小學弟不禁感歎愛情真不靠譜，難道有了這 10 萬塊錢的彩禮，就能過好日子？

我說，你年紀輕輕把讓一個女生陪你吃苦描述成愛情，是不是有點過分？總是喝點小酒後就發誓三年、五年後怎樣，其實你連三天、五天的安全感都給不了，嘴裡喊著讓人家吃肉，其實你連一碗湯都沒有。你想不想結婚？想，就努力去賺錢，一年做不到那就兩年，這個過程你得讓人家覺得跟著你有希望，你靠譜了，愛情就靠譜了。

小學弟問：「生活總是如此苦嗎？」

我說：「現在有多苦，以後就有多甜。」沒有錢，你拿什麼守住你的愛情？靠許願嗎？

你說，等我將來賺大錢，請妳吃大餐。可是，最暖的不是應該現在起身去煮一碗麵，再加個荷包蛋嗎？

你總說，等我將來賺大錢給妳買大房子。可是，當下不應該是就算住在出租房裡也不讓她受委屈嗎？

生活壓力讓大家起早貪黑努力工作。願意陪你吃苦的女生或許很多，但為什麼很多最後都走不下去了？就是因為你辜負了人家陪你吃的苦。女生一點都不怕過苦日子，她們怕的是過沒指望的日子。

2

···

我問過一個女生，會因為男朋友窮而和他分手嗎？

她說：「不會。窮是可以改變的，努力去賺錢就好了。可是，如果他不愛我，那我才真的是一點辦法都沒有。兩個相愛的人不會窮太久，你不覺得，『愛』本身就會讓一個人變得更優秀嗎？

他說：「我一定會讓妳過上好日子」。

我說：「我信」。他努力賺錢的樣子很帥，並不是因為他賺的錢很多，而是我們一起賺錢很開心。

她說：「剛戀愛的時候，我逗他，娶我準備多少彩禮錢？」

他說：「5 萬」。

我說：「我要 8 萬 8」。之後過了一年半吧，突然有一天，他笑嘻嘻地給我一個大紅包說「88888 塊，多出來 888 塊是讓妳驕傲的。」

原來他一直都為了要娶我而努力，那一刻，我覺得方圓三公里春光燦爛，我沒什麼可報答他的，只好嫁給他了。

她說我們剛結婚時很窮，傢俱、家電都是等賺夠了錢一件一件的買，結婚三年了還沒買齊。有一次我們想換個大冰箱，店員推薦了一款冰箱超級智慧，老公想買，我一看價格猶豫了。

後來，老公問我為什麼不買？我笑著說我們家冰箱比它人工智慧多了，還帶聲控呢！老公一愣。

我說：「老公，把冰箱的優酪乳給我，我要喝；老公，把冰箱的冰淇淋給我，我要吃。」就這樣，我們窮，但開心！

她說：「可能因為我們一直都很窮，窮則思變吧，一開始經常吃的是清水煮麵，後來老公學會了做炸醬麵、蔥油荷包蛋麵、麻辣小麵、雞絲涼麵、炒麵、蓋麵、拌麵、燴鍋麵、番茄大滷麵。不誇張，連吃一個月都不會吃膩，能把窮日子過得這麼花樣百出，我也是服了他」。老公還笑呵呵地說：「窮歸窮，但是營養得跟上。」

也曾有朋友問她，為什麼嫁給這男生？她說，我覺得跟這樣一個人過一輩子很有意思，他是個能把苦日子過甜的人。沒錢的日子我們不會抱怨、不會吵架，而是一起想該怎麼樣去賺錢。

我並不是因為他給我大紅包才想嫁給他的，而是我們窮到沒錢吃飯的時候，他穿著大玩偶服還唱著歌發傳單，正值夏天，大玩偶服裡熱得像蒸籠還特別開心，拿到薪水第一時間請我吃牛肉河粉。他原也是個挺驕傲的人，為了我會放下面子去賺錢。有一句話挺應景：再窮不過要飯，不死終會出頭。所以，我想跟他試試在一起一輩子能有多好玩。

她說相愛會讓你熬過很多不可思議的難關，我們就是如此。錢嘛，賺多少算多，賺多少算少呢？慢慢賺就好，有錢麵加蛋，沒錢麵清湯，把日子過快樂一點，當兩個人的開心遠遠大於失落的時候，賺錢就有動力。

以前的情人節，總羨慕別的女生捧著一大捧玫瑰。後來結婚後，老公每天都給我買一朵玫瑰。我逗著問他：「你就不能存起來，等情人節給我買一大束？」

老公說：「不行，不行，若只愛情人節的妳，那每天的妳誰來愛？」

3

· · ·

我們得先澈底理解了生活對於我們是什麼，才能過上想要的生活，而能力和欲望不匹配的人是最痛苦的。你覺得櫥窗裡的雙層草莓蛋糕看起來真好吃，得先有能力買到它，而不是站在櫥窗前等哪個人分你一塊。

很多人對婚姻失望，是因為忘記獲得幸福需要能力，首先你得自己先擁有，你有 50 塊，對方有 50 塊，櫥窗裡的蛋糕賣 100 塊，這樣你們才能夠合力買下它。

讓我們紅塵做伴，
吃得白白胖胖

你知道，你們會生氣吵架，可是，也會親親啊。

你知道，你們會委屈抱怨，可是，也會抱抱啊。

1
...

　　一次我出差準備坐計程車去火車站，那天正好青島刮大風，司機到了，我剛要上車，風嗖的一下把我帽子吹跑了，我去撿帽子，一彎腰，手機啪掉到地上。我撿起來一看，螢幕摔碎了。

　　以前的我肯定很懊惱，一頂破帽子才值幾個錢，吹跑就吹跑了，卻害得手機螢幕破掉。可是現在卻不一樣了，我結婚後心很穩的，把螢幕破掉的手機放進口袋裡跟什麼都沒發生一樣，因為

我還有更重要的事，去坐高鐵。

真佩服自己的沉穩，大風越狠，我心越穩。

結婚這幾年我越發沉穩了，也深刻理解到不要因為已經發生無可挽回的小事讓心情變糟。因為，你肯定輸啊！

有一天，我正在做家務，忙得焦頭爛額，喊了老婆幾聲，她只應聲沒過來，我火冒三丈生氣地問：「妳是不是很閒？」老婆抬起頭，愣愣地看著我。

我又問了一句：「妳是不是很閒？」

然後老婆站起來，親了我一下，笑著說：「你嘗嘗，鹹不鹹？」

我笑了，覺得自己真像隻可愛的小河豚，明明肚子氣得鼓鼓的，撲哧一笑就洩氣了，蹦蹦跳跳又去收拾家務。

2
...

老婆懷孕的時候怕胖了不好看，整天抑鬱寡歡。我說，沒事，要胖大家一起胖，妳吃排骨我喝湯；要壯大家一起壯，妳吃燜鍋我清倉，妳爭取養得白白，我吃得胖胖。老婆開心地說，好　。

大家就一起吃啊吃，體重增啊增，漲勢驚人；後來老婆生完孩子，做完月子，嗖的一下又回到體重不過百的少女，我卻被催

熟成中年大叔，我倆站在鏡子面前很尷尬，夫妻之間的信任呢？
果然書上說得真沒錯，夫妻本是同林鳥，大難來時先燉肥的。

　　老婆樂呵呵地說：「加油，我相信你會瘦下來的。」

　　我氣到不行說：「都這麼油膩了，妳還加油，妳確定我是妳
親老公，不是去民政局（戶政事務所）的時候領錯了吧？」

　　哎，我就這麼被坑了，老婆懷孕十個月，我體重瞎漲十幾斤。

3
...

　　有一天我在書房裡寫文章，文思如泉湧，靈感的火花噌噌地
冒火星子。老婆坐在客廳的沙發上看紀錄片，她非常喜歡看各種
跟人文自然相關的紀錄片，看得超開心，邊看邊講我聽，還手舞
足蹈地比畫。

　　她說：「有一種魚叫襯衫魚，特別可愛，牠有自己的一畝三
分海藻田，裡面有珊瑚有海藻，牠每天勤勤懇懇地收拾，像一個
特別勤勞的農民。海膽特別愛去海藻田裡搗亂，牠每天就游來游
去地驅趕海膽，可是牠晚上怕黑，就躲起來了。海膽就高興了，
在襯衫魚的海藻田開 party，咬得海藻咯吱咯吱，把襯衫魚氣得
要不要，可委屈了。可牠又不敢晚上出去趕海膽，只好第二天早
上再趕，每天如此。你看，襯衫魚明知道生活很苦很煩，可是明

天還得繼續，誰讓你熱愛著那片海藻田呢？」

我說：「所以，這就是妳跟兒子把積木扔得滿客廳都是，第二天讓我收拾的原因？」

老婆笑了笑接著說：「你知不知道皮皮蝦也是一夫一妻制，牠們可恩愛了，住在洞裡，老公每天豎著大鉗子，夾住好吃的都先給老婆吃。」

後來紀錄片的劇情有新進展，老婆跟著緊張說：「完了，完了，完了，牠老公發現了一個更大的洞，扔下牠老婆跑了。好殘酷啊！牠老公肯定是覺得把洞掏大住著舒服，也可能牠老公外面有別的皮皮蝦。」

過了一會兒，老婆又接著說：「你快來，快來看，牠老公又回來接牠了，牠們有一個大洞。天哪，牠老公準備了那麼多好吃的，暖得不要不要的，以後，我再也不吃皮皮蝦了。」

我很絕望，我的寫作靈感呢？想也知道去哪裡了，滿腦子都是老婆魔性的旁白解說，能把海洋紀錄片當成鄉土倫理劇追的，我老婆絕對是業界的一股土石流。

所以看明白了吧？你們能看到我一篇完整的文章出現在你們面前有多不容易。可是轉念一想，能有個人跟你分享你不知道的有趣事，這不就是談戀愛的意義嗎？靈感可以再等等，可是，我愛你，可都是即時回饋啊！

這些年要不是因為相愛，我大概被老婆氣死一百個回合了，每一次我都安慰自己：誰讓你娶她的，活該！誰讓你寵她的，活該！誰讓你慣她的，活該！

談戀愛就是如此，會有無數小事糾纏你、折磨你，哪來總是順遂的生活啊，給你一碗羊肉湯，上面漂著你不愛吃的香菜，端起碗吹一吹就能喝；給你一份豬肉雞肉雙拼飯，裡面有你不愛吃的青花菜，拿筷子撥一邊就能吃。**如果生活很辣口，可以找一個很甜的人在一起嘛。**

以前有朋友問我：「你是怎麼做的，才會把婚姻裡的日子過得那麼甜？」我笑著說，一天二十四小時，我只是記住那些很甜、有趣好玩的瞬間。你看我寫的故事，那不是婚姻的全貌，我也有苦惱的時候，可是談戀愛不就是這樣嗎？為了一小時的甜，我願意去接受二十三小時的苦，因為這就是婚姻啊！你不能單獨擷取出來一段說，這段太苦我不要、那段太鹹我不要。甜多了也會膩的，酸甜苦辣鹹攪在一塊吃才有滋味。

不要犯傻，心態要穩，別把好心情消耗在那些負面的小事上，跟壞事糾纏會浪費更多的時間，還能把你的愛情攪成稀泥巴。

你知道，你們會生氣吵架，可是，也會親親啊。

你知道，你們會委屈抱怨，可是，也會抱抱啊。

某一瞬間你或許對他失望，可是一轉眼，你也會兩眼發光地看著他，無比的崇拜。那些讓你氣得發抖的時光，後來回憶起來，或許樂得笑出淚花。

婚姻就像是跟一個脾氣對味的人一起修煉，煉啊煉，有一天你們能煉出來一塊糖，吃起來真甜。可是，不一會糖就吃完了，你們還要繼續煉下去，等下一塊糖出現。

可是最甜最開心的日子，不是糖出現的那一刻，反而是你們一起修煉的那些一起吃苦的日子。

「我愛你」都是即時回饋啊！你笑了，我當下就賺到了。

談戀愛一起狂，
結了婚一起扛

我們終究會把苦難、歡愉，添油加醋，

熬成一鍋粥，吃得香噴噴。

不著急，小火慢慢燉、慢慢愛。

1

...

老婆曾問我，當我們感情遇到問題，吵架後想過離婚嗎？我仔細想想說，想過。

老婆接著問：「那為什麼不直接去民政局（戶政事務所）離了？」

我說：「民政局（戶政事務所）附近沒啥好吃的餐廳。」

老婆疑惑：「這有什麼關係？」

我問她，妳自己是什麼人心裡沒數嗎？要是那裡沒有好吃的餐廳妳會去嗎？以前上班的時候，人事經理讓妳調單位去臨沂，妳不去，我說臨沂有一種早餐叫「糝」，大骨頭加黑胡椒熬成湯，澆在牛肉、羊肉或雞肉上，上面撒上香菜、蔥花，妳說別說了，然後興高采烈地填了調單位申請表。

　　讓妳去學車，妳不去，我說駕訓班旁邊有一家麻辣雞架特好吃，肉質鮮嫩骨架酥香，我話沒說完，妳給教練打電話問，現在報名還來得及嗎？

　　我倆結婚的那年，民政局（戶政事務所）附近有一家炸串店，隊排得很長很長，當時要不是妳想去吃，我們能順道領個結婚證嗎？

　　老婆沉默了一會說：「我這才想明白，你這是騙婚啊！」

　　我說：「妳！才！想！明！白！我倆都結婚兩年了啊！」

　　我第一次遇見她時，她有一張像剛煎好的荷包蛋、中間還是溏心的那種稚嫩的臉，新奧爾良炸雞腿漢堡的肩膀，肩膀下面是長長的薯條胳膊，腰是火鍋裡的豆皮結、炸串裡的海帶結那種小蠻腰，兩條筆直的蟹棒腿，頭上戴了一個蝴蝶結的髮圈，像是碗剛上桌的紅燒牛肉拉麵，半個酒窩裡有一手青啤。

　　這些年，像是行走版的吃貨百科全書，哦，不對，她也有不吃的，四條腿的不吃桌子，兩條腿的不吃圓規，會飛的不吃風箏，上山的不吃登山杖，下海的不吃牡蠣殼。

　　我是個不擅長吵架的人，尤其是在老婆面前。她伶牙俐齒，每次都能把我懟得結結巴巴，次次戰後反省，我都覺得沒發揮好，可是下一次依然輸得目瞪口呆。

　　前兩天兒子把一大堆繪本扔得滿屋都是，亂七八糟，老婆讓我收拾，但我臨時得處理一點工作的事，說等會收拾。

　　老婆大概沒睡好覺，一下子脾氣上來，那感覺就像你咕嚕喝了兩口啤酒，氣往上頂，不打個嗝就對不起啤酒為你冰鎮受的苦，她隨口說了我幾句。

　　我也生氣了，心裡想回她一句：「我又沒說不收拾，妳是不是有病啊！」

　　我張嘴就說：「妳是不是有……」才說到「有」這個字，老婆立馬懟回來：「有什麼？」

　　我說：「有──有──有理想、有道德、有文化、有紀律的社會主義『四有新人』」。

　　我老婆特別懂事，每一次吵完架都會主動認錯，我就問她是

不是餓了？她點點頭，我就開心地跑去廚房做飯了，而且一炒就是兩菜，菜一上桌，她吃得狼吞虎嚥，所有江湖恩怨一筆勾銷。

在我們家，我深深地知道，只要我還「統治」著冰箱和瓦斯爐，只要我大勺一揮，就可以調動油鹽醬醋，這就是我的王國。無論吵架的時候我老婆有多狂，她都會在我進入廚房的那一刻，變成一個萌萌噠的小老婆，因為食物可以封印住她倔強的靈魂。

直到有一天，老婆說要在廚房裡煮麵，我害怕了。問她：「要不要幫妳煎兩個荷包蛋？」

她說：「不用，你忙你的。」然後，她打開瓦斯燒水就去追劇了。

過了半個多小時，她站在書房門口一臉委屈的樣子，我問她：「麵不好吃？」她搖搖頭。

我問：「荷包蛋不好吃？」

她搖搖頭說：「我忘記放麵，水燒乾了。」

我說：「我是先笑兩分鐘呢，還是先去給你煮麵？」

她說：「你先笑吧，我給你起個頭，哈哈哈——哈哈哈——」

嗯，我這下放心了，廚房還是我的天下。

有一天晚上我寫文章到晚上 10 點多，突然伸個懶腰說：「疲憊到極點了。」老婆很認真地看了看手機上的時間，說：「10 點17 分了。」

我愣了愣，突然笑了。老婆問：「笑什麼？」

我很認真地說：「我說的是疲憊到極點，不是幾點。」

她說：「那你還不滾去睡覺。」

此時聽到兒子在臥室裡哭了，我說：「妳去睡吧，我去哄。」哄完了兒子睡著後，看見老婆坐在客廳的沙發上發呆，我問：「怎麼了？」她突然抱著我就哭了。

生完孩子第一年，這已經不是她第一次委屈地哭了，她沒有想像中那麼堅強，以前職場裡那個雷厲風行的小女生不見了，取而代之的是總怕自己犯錯的新手媽媽。

老婆問我：「你後悔要孩子嗎？」

我說：「比我們之前養狗養貓好多了。」

老婆問：「為什麼？」

我說：「你親他一口的時候，關鍵是不掉毛啊！」

然後老婆靠在我肩膀上，我攬著她，拍著她的肩膀說：「哎，當男人真不容易啊，哄完小寶貝還要哄大寶貝。小寶貝睡，小寶貝睡，小寶貝睡完了，大寶貝睡。大寶貝睡，大寶貝睡，大寶貝

睡完了，老公睡。」我睡什麼睡啊！天亮了，該起來了。

5
· · ·

我老婆沒有工作也不做飯，有我；她不洗衣服，有洗衣機；
她不掃地，有掃地機器人；她不去菜市場買菜，我去。

可是，她沒時間打扮、沒時間聚會、沒時間娛樂、沒時間逛
街、沒時間淘寶，因為她有一個二十四小時零死角耗著她——睡
覺五分鐘、折騰兩小時的兒子。

她有多累？

有一回，我給她買了她最愛吃的紅棗糕，她居然吃著吃著睡
著了。她以前是什麼樣的人？假如冰箱裡有好吃的，她半夜醒來
會偷偷吃完再回去睡覺。可是自從我們有了兒子後，連她最愛的
棗糕她都不吃了。

她有多苦？兒子吃海鮮過敏，她就不吃海鮮了。

有一次我們路過一家餐廳，餐廳門口是燒烤大排檔，有香辣
蟹、麻辣小龍蝦。這是什麼概念？以前這些對我老婆來說，都是
續命的東西。

老婆說：「你等會兒，我聞聞味兒。」因為要給孩子餵奶，
她一個嗜辣如命的女生戒辣了。好像關於吃的，她沒有戒不掉

的，只要兒子不喜歡。

她有多委屈？有一次，兒子大哭大鬧，我老婆澈底崩潰了，她說：「你哄一下。」然後，她自己一個人躲在小臥室裡哭了。後來我問她，為什麼沒當著兒子的面哭？她說，我不能讓兒子知道她媽媽也有脆弱的一面。

她脆弱嗎？漲奶的時候她疼得要命，一個人在客廳坐到清晨6點，等著打電話預約疏奶。兒子喝奶，用勁過大把乳頭咬流血，她疼得眼圈紅紅的，硬是不掉一滴眼淚。

為了給孩子餵夜奶，她沒有睡過完整的覺，全靠看到兒子的笑撐著。我無數次勸她改餵奶粉，她都說，母乳餵養的孩子抵抗力強。

是的，我老婆沒有工作。但是，她比我更忙、更累、更苦。

老婆問：「假如可以發薪水的話，你願意給我多少錢？」

我說：「900塊。」

老婆說：「你不愛我了。」

我說：「950塊。」

老婆說：「你果真不愛我了。」

我說：「990塊，不能再多了。」

老婆問：「為什麼？」

我說：「妳自己心裡沒數嗎？我們家所有錢都在妳銀行卡裡，妳每個月就給我1000塊的零用錢。」

老婆說：「那你還留了 10 塊錢呢，說，是不是有外遇了？」

我說：「妳再說一遍。」

老婆說：「你是不是有外遇了？」

我非常生氣，轉身就走了，因為再這麼糾纏下去，我很容易錯過樓下蛋糕店的開業典禮。新開幕大促銷，10 塊錢 5 個榴槤酥啊！

嗯，我老婆最愛吃榴槤酥。我不心疼她，誰來心疼她？

一個男人最大的溫柔是什麼？妳為我吃的苦我心裡都有數啊，傻女生。

有人問過我，戀愛最好的狀態是什麼？我想了許久，後來覺得有句話很適合回答他：「談戀愛時一起狂，結了婚一起扛。」

我們不是結束了七年的戀愛長跑進入了婚姻，而是我們一直走在相愛的路上。是走，不是跑，沒有那麼焦急，那是一條我們都不知道目的地的路，但只要是彼此在一起，不論去哪裡都行。

或許偶爾會迷路，指責、埋怨對方；會自戀，碰到陌上花開就開心自拍；會煩惱，隊伍壯大，多一個人或兩個人就亂了步伐；會驚喜，見過美麗的雲、橋和晚霞；會擔心，風餐露宿吃不飽、睡不好；會心安，有一個肩膀可以依靠；會害怕，是否有猛獸出沒；會吵架，背對著不理對方。但最重要的是，誰都不會掉隊。

我們終究會把苦難、歡愉，添油加醋，熬成一鍋粥，吃得香噴噴。不著急，小火慢慢燉，慢慢愛。

寵一個人，
最大的受益者是你自己

1
...

　　兒子今天兩週歲了。我當全職爸爸也有三年了，有人覺得不可思議，問我：「其中的一年哪去了？」這句話一聽，就知道你肯定沒親自下場伺候過懷孕的老婆。

　　十月懷胎啊！以前看到過一段話：老公是沒資格頂撞老婆的，想跟老婆吵架，行，挑一個項目先完成一下試試。

　　‧你敢吃一頓飯吐一次，連吐三個月以上嗎？

- 你敢連續五個月睡覺不翻身嗎？
- 你敢肚子上綁至少 5 斤的沙袋，工作吃飯睡覺都帶著連續五個月嗎？
- 你敢忍受兩年內乳頭被無數次咬破出血嗎？
- 你敢兩年持續熬夜，整夜無法睡完整的覺嗎？

所以，你知道老婆是怎麼熬過剛生完孩子的這兩、三年嗎？

2
...

我終於如願以償地當上全職爸爸，為了有儀式感，老婆給我買一件漂亮的圍裙，我捏著裙角翩翩起舞，簡直萌死了。我問老婆，我炒的菜是不是可甜了？

老婆糾正說：「孕婦不能吃太多糖。」

我說：「我知道，我每次炒菜都要給菜講好多好多的情話呢。你知道的，它們大老遠從菜市場到我們家，如果不是碰到自己心愛的菜，它們是不會輕易下鍋的。番茄覺得自己吃定雞蛋了，不對，你看，雞蛋最後跟了青椒，喜歡一個人你得努力爭取啊。西芹老覺得跟百合是最佳拍檔，誰能想到肉絲捷足先登了，愛情啊，講先來後到。馬鈴薯想把牛肉給燉了，刀看不過去，就把馬鈴薯切了絲，你看，總有人偷偷愛著你。」

老婆說：「好好說話。」

我很委屈地說：「油一熱，我就慌了，管他什麼菜，抓過來就下鍋了。」

老婆突然臉色一沉說：「你不愛我了，是不是我懷孕變胖了不可愛了？你寧願撩一把苗條的芹菜，也不願意撩我。」

這就是一個懷孕少女的日常恐婚，總覺得全世界都在搶她的老公，包括一把芹菜。

3
· · ·

老婆懷孕的時候，我說，妳儘管生，孩子我來帶。

孩子一落地，我整個人都懵了，說好的孩子是上天派來的天使呢？別逗了好嗎？一旦哭起來，聲音立體環繞，就跟手裡抱了一個低音喇叭似的，刺激的，每天的生活就像跳迪斯可，尤其是夜深人靜的時候，睡覺幹嘛？起來嗨啊！

一開始以為這是折磨，直到哄完孩子，我跟老婆在月夜裡、雪夜裡、雨夜裡促膝聊天，她安靜地聽我講故事，講到最後她睡著，我把她抱到床上，看著他們母子安心地睡著。我突然發現，這就是我想要的生活，你以為孩子橫衝直撞了你的世界，不，他給了你風花雪月。

我常常跟兒子玩「誰更愛媽媽」這個遊戲。比如吃飯的時候，我會把我碗裡的肉夾給我老婆，兒子不甘示弱，直接抓起自己碗裡的肉就餵給媽媽。

　　比如老婆上繪畫課回家，她一按門鈴，我跟兒子爭相衝刺去抱她，誰先搶到媽媽的抱抱誰就有獎勵。

　　比如老婆心情不好，我跟兒子就想辦法逗她開心，誰先把媽媽逗開心了，就可以得到媽媽的一個親親。

　　原來，孩子真的是天使，他會幫你打開一個新世界。

4

. . .

　　有一天老婆問我：「一個爸爸每個月得賺多少錢才夠養活一個家？」

　　我說：「問這個做什麼？」

　　她笑著說：「怕你累著。」

　　我笑著說：「妳少來，妳是怕不夠花。」

　　她又問：「你說，我要不要去上班或學個什麼，好歹也能貼補點家用。」

　　我說：「不用，我能賺到錢，不過我建議妳去學妳喜歡的東西，有一天，我不賺錢了換妳養我。」

她笑得特別開心的說：「好啊，好啊！」

生完孩子以後，我老婆去上了文化館組織的公益課程，學畫國畫，一開始我以為她三分鐘熱度，後來課程結束，她又跟著國畫老師去任教的老年社會大學上課，再後來，她又上了國畫老師自己開的素描班。

沒想到她一學就是兩年，我兒子都兩歲了。

有一天，她畫完畫回家開心地說：「我可以養你了」。我正在廚房做飯，愣愣地看著她。

她笑著說：「老師說了，再學一年，我就可以開一個素描培訓班教小朋友了。」

我失望地說：「哎，我還得養妳一年。」

生完孩子這幾年，我突然覺得老婆的魅力值比從前更高，她有了許多夢想，也在努力去做。她去考駕照、學鋼琴，甚至開始惡補英語，想要以美術生的身分重新參加高考，前兩天，她還買了一個烏克麗麗。我突然怕有一天我配不上她的好。

儘管現在我在賺錢養家，但是我依然覺得這個家裡我老婆最重要，她給了我與大多數人不一樣的婚姻，快樂、舒服、從容，我不會因為賺不到錢而焦慮，因為她說過，會養我。

所謂生活，不就是跟喜歡的人，努力找到一種彼此喜歡的方式養家糊口嗎？

結婚這幾年，我也深刻地意識到，當一個家庭裡大多數的快

樂不是依靠錢製造出來的，這樣的婚姻就對了。當我知道老婆懷孕了，我笑著跟她說：「不好意思，我更愛妳，我先當爹為敬」。我嘗到婚姻裡「我更愛妳」的甜頭，原來你寵一個人，最大的受益者是自己。

到目前為止，我最喜歡的職業是全職爸爸。書上說，當一個人在一個領域工作持續超過一萬小時，他就會在那個領域有所成就。一想到自己離一萬小時爸爸又近了一步，就感覺自己特別萌。

我是全職爸爸，今天 3 歲，祝我快樂。

慢慢來，
誰不是翻山越嶺去相愛

1
...

老胡出差時路過青島，我請他喝酒。酒喝到一半，老胡突然問：「結婚這幾年，你累不累？」

我愣了一下問：「你怎麼了？」

老胡笑著說：「沒激情了，愛不動了。」

戀愛時候渾身是勁，每天都有聊不完的話題，不想結束約會。現在，忙活、累了一天，回家就想洗洗睡。

看場電影？出去旅遊？有那個時間在家裡睡個懶覺不好嗎？改天吧。三改兩改，電影就下檔了，年假就耗完了。你說，生活壓力曾對誰手軟過，多年的小老婆熬成了黃臉婆。

我笑著說：「你油膩了。」

老胡笑著說：「壓榨花生油般的油膩。」

我說，你太相信來日方長，其實在婚姻裡拖延症會把一切激情磨光。「感覺」這東西過了就是過了，某瞬間想吃油燜大蝦，一拖延，胃口就沒了。

哪有什麼少女心啊，你寵她，她就有，你不寵她，她就沒有。

她其實盼著你給她驚喜，哪怕是小事。可是你一忙就忘記了，生日啊、節日啊，送的都是一成不變的禮物，你懶了，她膩了。

那不叫平平淡淡才是真，而是你不願意在一個人身上花心思罷了！

老胡點了一支菸說：「前兩天，初戀突然聯繫我。」

我問：「你們有好幾年沒有聯繫了吧？」

老胡點點頭，伸出一隻手說：「五年。」

我問：「因為什麼聯繫？」

老胡說：「她說收拾家裡的箱子，發現從前我寫給她的一封情書，問我有沒有時間，還給我。」

我問：「你還有她的聯繫方式？沒捨得刪？」

老胡笑了笑說：「真的放下了，只是有聯繫方式，心裡沒有

漣漪。」

我問：「你去拿情書了？」

老胡說：「沒有，不過我做了一件很奇怪的事。」我愣了一下。

老胡笑著說：「我花一下午的時間給我老婆寫一封情書，你說我是不是瘋了？然後，我讀給她聽，她居然臉紅了，都四年夫妻了，她居然害羞得像個小女生似的。有那麼一瞬間，我突然覺得重新愛上眼前這個女生了，很心動。奇怪吧？我給她買一套的化妝品，還不如用一個下午給她寫封情書更能讓她開心。」

我問：「後來呢？」

老胡笑著說：「有天早上我準備出門上班，看見老婆臉上有一粒米飯，我就指了指自己的臉頰提醒她，她突然很害羞地踮起腳親了我一下。我 3 歲的小女兒看見了，也跑過來要親親。那一刻，我突然又有戀愛的感覺。我問自己不是沒激情了嗎？怎麼親一口就還魂了？戀愛的感覺是真爽啊！」

2

· · ·

以前看到過一段話，說婚姻就像是在一間黑暗的房子裡洗衣服，你可以偷懶，假裝搓幾下，你也可以認真地一遍遍地洗，沒人監督你，全靠自覺。

突然有一天，燈亮了，你發現認真洗的那件衣服很乾淨，會特別地開心。

老胡說：「喜歡一個人，你偷的懶可以騙過所有人，卻騙不過時間。有一天你們爭吵，她問你還愛我嗎？你說，我拼命工作就是為了給妳更好的生活。這句話連自己都覺得虛，一段感情全靠錢來撐著，跟進了加護病房有什麼區別。

戀愛的時候，我們捧在手心裡當寶貝的女生，怎一結婚就變得什麼都不是了？

你的新車，跑了一萬公里都得保養呢，怎麼老婆就成了冰箱，老是想著打開就可以拿啤酒、優酪乳、小龍蝦，拿空了才想起應該往裡面放牛奶、泡芙、芒果布丁。晚了，愛情也會過了最佳保質期的。」

我問：「怎麼了，感情出什麼問題了？」

老胡說：「差一點離婚了，都走到民政局門口，我突然親了她一下，她愣了愣。我們領結婚證的那天，我也在那個門口親過她。才四年啊，愛情就被生活生吞活剝了。」

她說了一句話，讓我特心疼，她說：「你好忙啊，說了離婚你才陪我半天。這個理由用完了，下一次我都不知道找什麼理由你才會陪我半天。」

我說：「生活從來就不容易，工作和家庭哪那麼容易平衡，拼命賺錢也不過就是替自己的虧欠買個心安而已。」

老胡說：「吵架時你別聽她說了什麼，要聽她沒有說的那句話，她不會隨便跟你鬧的，一定是心裡有委屈的事。那天，從民政局回來，一路上我都牽著她的手。

之後，只要下班早我就會去買枝花，或者多走幾步路去買一份腸粉；下班晚的話就在樓下的蛋糕店買一塊提拉米蘇，有時候在路邊攤看到漂亮的髮飾也會買回家。拿到餐廳促銷傳單就帶她去吃，聽來的笑話再講一遍給她聽，她就笑了。

其實，一個女生嫁給你，要的不多，只要你心裡有她就可以了。」那天，老胡走的時候特別叮囑我，有空時就多陪陪老婆，她可能是唯一能陪你走到最後的人。

我倒是讓我想起另一個朋友告訴我為什麼人要結婚的原因。因為妳覺得可以從一個人身上得到高品質的陪伴，當妳需要的時候，他正好就在妳身邊。

妳開心，可以抱著他撒嬌；妳難過，可以趴在他肩膀上得到安慰；妳委屈，他可以幫妳解氣；甚至妳的人生，他也都可以幫妳出出主意。

否則妳幹嘛結婚，養一條狗、養一條金魚、養一盆花，都可以陪伴啊！

可是妳要明白，高品質陪伴和消磨時間是兩碼事。那種被人懂得的感覺，可真好啊！

3

· · ·

問妳幾個發人深省的問題。

戀愛第一年，你們還在公眾場合開心地牽著手嗎？

戀愛第二年，難過委屈的時候，還會抱一抱彼此嗎？

戀愛第三年，還記得最近一次說「我愛你」是什麼時候嗎？

戀愛第四年，你們還深吻嗎？持續一分鐘以上的那種？

當妳覺得婚姻很累時，捫心自問一下，結婚後這四件小事：牽手、抱抱、說「我愛你」、親親，在妳的生活裡出現過幾次？

其實妳怨不得婚姻油膩，因為妳連戀愛裡的一些小事都不願意去做了，這些談戀愛時最親密的動作，真是甜啊！

可是，「婚都結了，誰還願意花時間談戀愛啊！」

一個火鍋咕嘟咕嘟地冒泡，妳可以涮毛肚、涮肥牛、涮娃娃菜、涮鴨血，妳覺得湯夠熱把火關了，湯就涼了，上面飄一層油，再涮什麼都起膩，為什麼不開小火一直溫熱著呢？

不知道從什麼時候開始，妳覺得他不愛你了，或者愛得不明顯了，妳不是也很久沒對他釋放魅力了嗎？

妳敢抹口紅偷偷地親他一下嗎？

妳敢突然從他的背後熊抱他嗎？

妳敢再認真地說一回「我愛你」嗎？

妳敢仔仔細細地打扮得讓自己更漂亮一點嗎？

妳敢擁有自己的興趣和生活嗎？

妳敢讓自己變得更溫柔一點嗎？

道理妳都懂，只是妳連一件小事都不願意再去做了。

抱怨確實比改變簡單多了；找理由推卸責任比承認自己錯了更簡單；吵架比理解對方更簡單。

妳說，柴米油鹽打敗了愛情，怎麼別人的愛情裡就有糖呢？

妳說，細節打敗了愛情，怎麼別人的愛情裡就那麼甜呢？

哪有什麼天生甜蜜的婚姻啊，不過就是有些人依然選擇做一些讓對方開心的小事而已。

今天一件、明天一件，「堅持」本身沒什麼了不起，可是加點「心裡有你」的愛，就甜了。

以前我有個朋友，從結婚開始，無論多忙，每天都會折一個紙鶴老婆，他老婆就收起來放在紙盒子裡，後來小紙盒變成了大紙盒。

有一次他老婆把紙鶴放在桌子上，一忙就忘記放入盒子裡了，紙鶴被女兒打開，發現裡面寫著一句情話。

那一天他老婆才知道，每一隻紙鶴裡都有一句情話。那時候，他們已經結婚五年了。

甜嗎？那只是日常生活裡的一件小事而已。對啊，婚姻本身就是沒啥味道，可是做了一些簡單的小事，就變甜了。

妳是我漫漫餘生中斬釘截鐵的夢想

1
...

跟一個女生談戀愛越久越發現智商被碾壓，這就是婚姻。

我很少許諾，能做到的我都是默默去做，其實疼一個女生，她能感受得到，哪怕你和她經歷大風大浪，她都會笑著跟你說：「老公，把帆揚起來，我們的夢想是星辰大海。」

這些年，我老婆虐我千百遍，我還待她如初戀。 倒不是因為我這人脾氣好，溫文爾雅，最主要的原因是我打不過她，畢竟她

報名了我們家樓下的跆拳道班。

當然有時候我們也會吵架，她也有非得求我的時候，跪在床邊非常虔誠非常有誠意的說：「求你了，老公，快從床底下出來吧，我保證不打你了。」

我笑著說：「妳寫個保證書。」

許多年前我們剛戀愛的時候，匯泉廣場有一個品牌活動，買兩瓶可樂可以玩全場，其中有個遊戲提供的用品裡有蠟筆和紙，那天我們畫了一張結婚證，上面簽名字。

她笑著問我：「你保證將來一定會娶我嗎？」

我笑著說：「這結婚證就是保證書。」

她問：「萬一弄丟了呢？」

我說：「丟了，就不娶妳了。」

那天坐公車送她回家，她緊緊地抓著那張「結婚證」，我覺得她特別可愛。以至於許多年以後，我們吵架，我偶爾也會想起那個時候的她，白天吵了架，睡覺前還互不搭理，半夜迷迷糊糊地就抱在一起。身體和習慣最誠實，這就是婚姻。

2

...

我寫過無數愛情故事，但是我不知道怎麼去定義婚姻，我所能想到的都是生活裡瑣碎的事。

我一年的稿費收入只有 100 多塊錢的時候，老婆笑著說：「我養你啊！」

我結婚的時候，丈母娘笑著說：「我不要彩禮，你對我女兒好就可以了。」

我創業失敗的時候，老婆笑著說：「你想哭就哭啊，來，給你一個抱抱。」

老婆懷孕的時候，夜夜睡不好，頓頓吃不好，還笑著安慰我：「沒事。」

老婆從產房出來的時候，她笑著說：「不疼。」

她是那個因為我們沒錢打車，跟我從人民廣場走幾里地到鐵路社區的女生；她是那個我給她點一個炸雞腿，就能開心好幾天的女生；她是那個沒有結婚戒指沒有婚紗照，也肯嫁給我的女生；她是那個我穿越大半個國家，也要娶回家的女生。

如果非要說婚姻有點什麼意義，那就是：有一個人見證了我的人生，她見過我所有糟糕的樣子，還是奮不顧身要嫁給我。後來我想，不是她傻，而是我真的很幸運。

我特別欣賞老婆的一點是，她說：「過日子不能湊合，豬肉

都有了，還差那一把小蔥嗎？餃子都有了，還差那一碟蘸醋嗎？麻辣小龍蝦都有了，還差那兩瓶冰鎮啤酒嗎？

你湊合著過不要緊，可是你想過豬肉沒有碰到剁碎的小蔥，它會有多傷心嗎？餃子沒有碰到蘸醋，它會有多難過嗎？小龍蝦好不容易熬過了鍋裡的「麻山辣海」，你卻說桌上沒有啤酒，它會有多沮喪嗎？

過日子要用點心，這些都是順手的事，無論多晚都要把家裡收拾乾淨，所有東西歸位，這樣才不會影響第二天的生活。你留著一大堆沒洗的碗，第二天早餐前再洗，這樣開啟新的一天，你說煩不煩燥？」

我覺得我老婆說得好有道理，然後我就去刷碗了。

3
...

以前跟朋友喝酒聊天，我問朋友：「為什麼支持老婆創業？」

朋友說：「老婆喜歡。」

我問：「如果有一天你老婆跟你的事業發生衝突，你會無條件支持她嗎？」

半年後朋友用行動給了答案，他辭職在家做起全職的家庭煮夫。我倆碰面聊天的話題越來越詭異，從貨幣戰爭聊到千層

酥餅；從降維攻擊聊到蒜香脆皮雞；從新零售電商聊到紅燒肥腸；從知識付費聊到麻辣蝦尾。我們聊雞蛋的價格走勢，聊什麼時間去菜市場買菜最划算，最奇葩的是，居然還聊得很興奮，我越來越喜歡一句話：幹一行，愛一行。

他問我：「你後悔當家庭煮夫嗎？你還有以前我們熬夜加班弄專案的熱血嗎？你還知道你的夢想嗎？」我想了很久很久，還真是說不清了。

他笑著說：「你這是帶髮修行，很佛系。」

我說：「再窮不能窮婚姻，再苦不能苦老婆，這世界很大，她想玩就去玩，但是，希望她回家的時候，飯是熱的，心是軟的。如果她被欺負了，我可以隨時穿上鎧甲為她征戰，我不怕，你說她能闖多大的禍？我想起一句話，大丈夫行事，論是非，不論利害；論順逆，不論成敗；論萬世，不論一生。」

窮，不心酸，心酸的是不被理解。

我很少見一個女生因為窮離開一個人，見的更多的是不被愛，時間把她的安全感耗盡了，我們都敢過苦日子，卻沒人敢過不被愛的日子。婚姻不能窮的不是物質，而是精神，你必須讓她知道，你有多愛她。

他老婆問他：「你怕不怕，我輸得傾家蕩產，一無所有？」

他說：「不怕。」

他老婆問：「你哪來的底氣？」

他笑著說：「妳不會一無所有，妳還有我。」

他老婆問：「你為什麼對我那麼好？」

他說：「答應我，以後別在我看不見的地方哭，因為我抱不到妳，無論妳多難受多委屈，都回我們家再哭。」

婚姻裡當老婆開心了，其實大部分的事都做對了。

4
...

有朋友問我，結了婚天天膩在一起會不會很無聊？哪有那麼多的話題要聊？

你跟喜歡的人在一起，哪怕是同一個笑話聽十次，還是會笑；哪怕是同一個故事講二十遍都不會覺得乏味，因為快樂這東西很難講，就是領會到一個彼此都懂的梗，就笑了。

很常時候我會跟我老婆聊天聊到凌晨 3、4 點鐘，而且越聊越興奮。聊昨天吃的蔥油麵、聊工作、聊笑話、聊她追的《權力遊戲》、聊綜藝節目、聊我們的理想、聊她新買的化妝品、聊我的新書、聊中學時代、聊她同學的故事。

聊我新學會做的滷肉飯、聊我們家的狗和貓、聊旅行、聊街口新開的棗糕店、聊流行歌曲、聊港臺老片、聊彼此的迷茫、聊未來的模樣。

聊小時候開心的事、聊犯過的錯、聊吃過的最奇葩的食物、聊孩子去哪一個幼稚園、聊家長會誰去開、聊過去的一張 CD，聽聽那是我們的愛情。

聊到最後，我們都餓了。那天淩晨，天空泛起魚肚白，我問：「煮碗麵吃？」

老婆笑著回答：「加個荷包蛋。」

你剛開始學會愛的時候，上天會給你三次機會，抓住一次就好了。第一次你奮不顧身去愛，你以為抓住大螃蟹就抓住最肥的秋天；第二次你蜷縮身體開始只愛自己，你以為嘗過脆皮春捲就卷起來不再受傷害；可惜還有第三次呢，婚姻可不是兒戲，它不會等你準備好所有的菜才下鍋，你遇見了，那就是最好的時候。

結婚本身沒什麼值得驕傲的，可是娶到妳，那是麻辣香鍋裡吃到魚丸、一品生煎蘸到醋辣醬、酥蛋撻咬到黃桃，妳說，驚不驚喜？喜歡的一切如約而至，那種碰面，簡直是對過往最好的讚美。

總結一下，有句話說得挺好：**無論我本人多麼醜，一想到我的世界還有妳，這世界就美得不像話。**

愛，
這樣說

無論我本人多麼醜，
一想到我的世界還有妳，
這世界就美得不像話。

生活那麼苦，
我結婚為敬

1
...

大量的資料研究證明：甜蜜的夫妻關係，大多因為長期的正面讚美和讓彼此開心。

在我們家，端上桌子的菜不准有人做出「難吃」、「不好看」「看上去沒食欲」等負面評價，「還行」、「湊合」、「有點清淡」這一類的中性詞也不行，必須用充滿正能量的詞彙，比如「大快朵頤」、「回味無窮」、「垂涎欲滴」。

同時，也不能重複使用一個詞來形容。在我做菜的一個月裡，我老婆的詞彙量猛增，漲勢驚人。

有一天，老婆忍不住說：「要不換我做菜吧！」

我問她：「妳吃不慣我做的菜嗎？」

老婆說：「夫妻之間說這麼傷感情的話幹嘛！是中國文化博大精深，我吃不透啊！」然後，老婆就開心地下廚了。

按理來說，我老婆是內蒙古人，以我丈母娘對美食的研究，什麼酸菜排骨、豆角燜麵、鍋貼餅子，信手拈來，不在話下。我老婆從小耳濡目染，即使學會三分，我也是有享不盡的饕餮美食啊！

只是等到我老婆做的菜端上桌我才知道，她學會的三分能耐是百分制的啊！怎麼辦？

老婆笑著問：「好不好吃？」還堅持要做菜，後來，我也成了半個作家，一年內寫了五本美食書，看別人寫的故事需要擦眼淚，看我寫的故事需要擦口水。

想想，婚姻真是刺激啊！你永遠不知道你的哪一項潛力會被婚姻啟動。

2

· · ·

有一天，老婆跑到書房問我：「你今天心情好嗎？」

我說：「好呀！」

老婆笑著說：「洗碗拖地晾衣服，你選一個。」

有一天，老婆又問我：「你今天心情好嗎？」

我長記性了，我難過地說：「不好。」

老婆說：「買菜做飯拿快遞，你選一個。換換環境換換心情，你就是憋在家裡太久了，去樓下走走，曬曬太陽，買個菜做個飯，你忙起來，就把不開心趕走了。」

有一天，老婆又來問我：「你今天心情好嗎？」

我無比警惕，豈能在同一個問題上連輸三回，我笑著說：「妳先說有什麼事，我再決定開不開心？」

老婆笑著說：「沒事，就是突然有點想你。」

我問：「妳今天怎麼這麼甜？」

老婆接著問：「開不開心？」

我回答：「開心。」

老婆哈哈大笑說：「收拾滿地的玩具和帶兒子去讀繪本，你選一個？」

生活好像挺苦的，一大堆麻煩的家務要去做，但老婆總知道我的笑穴在哪裡，就像我知道她的死穴在哪裡一樣：沒有好吃的

東西解決不了她的難過，如果有，只有兩種情況，要麼不好吃，要麼不夠吃。

她總能找到各種奇怪的理由去吃，路過水果店，她不走，也不說要買什麼，笑著說：「那顆榴槤跟我的風衣好搭；那些草莓跟我的口紅一個色號；那些櫻桃像不像我兩年前丟的那對耳環？」

路過燒烤店，她也不說想吃，就說：「你看那場煙霧，像不像郭襄『風陵渡口初相遇，一見楊過誤終身』？」去吃火鍋，她不說要加菜，笑著問我：「你看，讓鍋自己咕嘟咕嘟地沸騰著，是不是有點不禮貌？」

我說：「想吃就買，不夠就加。」

老婆一下子急了，說：「噓，小點聲，被身上的贅肉『聽見』了那還得了，我得趁它們不注意的時候吃。」

這些年我們家有一個奇怪的默契，就是不管哪一天，都要保持至少一個人是開心快樂的，這個人就會去影響另一個人，要是兩個人都難過的話，這日子是不是就苦了。不，我還有兒子，一個職業假嗨選手，有時候，他做夢會把自己笑醒，照一下鏡子就能把自己笑趴，只因為把樂高拼得比自己還高就笑得哈哈哈。

兒子問我：「為什麼不開心？張開嘴就能笑。」是啊，為什麼非要找一個理由開心呢，張開嘴就能大笑，多簡單啊！可是，成年人怎麼能懂這個道理呢，成年人每天都要吞下一堆的委屈，

怕一張嘴倒是先哭了出來。

當兒子張嘴哈哈哈大笑，我一看他笑的樣子就知道「嗯，今天又是晴朗的一天」。

3
...

我會把每天看到的一些書、一些有趣的觀點跟老婆分享，有時候一聊就是一兩個小時，想起什麼聊什麼。有時候會聊到半夜兩三點，老婆居然不嫌棄我嘮叨，簡直是真愛啊！

有一天我問老婆：「你知道愛斯基摩人為什麼不接吻嗎？」老婆搖搖頭。

我笑著說：「一看妳就是冬天沒吃過冰淇淋，沒舔過大鐵門。會黏在一起啊！一開始，他們叫基摩人，不知道每次接吻都會把嘴唇撕破，後來他們為了提醒後代，就改叫愛斯基摩人了，然後，改成碰鼻子。他們碰鼻子特別有意思，妳過來我給妳展示一下。」

老婆把頭湊過來，我倆四目相對，就那麼看著，有一瞬間時間是靜止的，老婆突然笑著說：「原來我在你眼裡這麼好看。」

我說：「妳再吃下去，我眼裡就放不下妳了。」

老婆說：「你不愛我了，居然嫌棄我胖。」

我拍著胸脯，笑著說：「沒事，妳儘管放心吃，我心大，肯

定能放得下。」然後老婆開心地笑了。

　　我說：「現在這個氣氛，不親一下的話，是不是不禮貌？」

　　我曾看過一個奇怪的理論，人臉上的皮膚和肌肉有記憶功能，你的開心和難過，臉都知道。每一次快樂都很短，你想讓皮膚和肌肉記住，就得多努力，去開心，嘴巴為什麼對甜上癮，因為你親過一個人，嘴巴就記住了。

　　那個很甜的人，讓你一生上癮啊！

可以互相拆臺，
但不要讓對方下不了臺

1
· · ·

我們家有一款歷久不衰的遊戲，叫「挑戰」。

兒子要喝優酪乳，老婆要吃辣鴨脖，可是家裡沒有，這時候「挑戰」遊戲就發揮作用。我說，我挑戰一下，十分鐘我就能買回來。

兩部手機同時定時十分鐘，然後我下樓跑去便利店，時間真的是滴答滴答在倒數計時，這遊戲真刺激啊！

我家住高層，萬一兩部電梯都在一樓，這是扣分項；路上碰到熟人，要不要打招呼，說幾句話，扣分項；衝到樓下的便利店，優酪乳選什麼牌子，鴨脖要哪一款都是有講究的，選不好白跑一趟，選完立馬結帳走人，刺激又驚喜。

腸卷滷蛋八寶粥、豆干紅茶泡椒鳳爪，瞭解一下；聖女番茄芒果蘋果、草莓藍莓蔓越莓，瞭解一下；啤酒飲料礦泉水、花生瓜子火腿香腸，瞭解一下。

作為一個掌握全家採購大權的爸爸，一定要充分瞭解用戶需求，尤其是老婆微笑背後那個「等」字的意味深長。比如，老婆說想吃辣鴨脖「等」，「等」什麼？這明顯是捆綁陷阱！識相點啊，朋友們！有道是啤酒配鴨脖，越吃越活潑；鴨脖配紅茶，吃完跳恰恰。一個鴨脖不足以擺平一個想要吃麻辣口味的女人，試試鴨肫鴨頭鴨腸鴨架，海帶腐竹魚豆腐·全部來一份。

所以，我必須要在跑向便利店的路上搭配好即將要買的東西，然後計算出貨架來回穿梭最短的距離，行動要快準狠，每一次出手都是一擊必中。等所有東西都挑好，看一眼手機上的倒計時時間，一切盡在掌控中，優雅、淡然、冷靜地結帳，然後奔跑啊，使勁跑就行了。

回到家倒數計時剛好走完十分鐘，那種成就感實在是太刺激了。

這世上有無數個十分鐘，有的人在奔向自己喜歡的人；有的

人剛剛吃完一碗拉麵；有的人終於拿到了夢寐以求的入職通知，每個人都有光明的未來。我跟他們不一樣，我眼前一黑，腿一軟，一屁股坐到地下，抱著一大袋子零食負重奔跑真累啊！

你看，哪有什麼歲月靜好，還不是因為有人替你負重前行。

2
· · ·

有一天，老婆突然想買車，經過各種研究，終於找到一款滿意的車型，去店裡試車，兒子也很喜歡。試完車覺得有點貴而猶豫不決，銷售員說，現在買車還可以申請優惠。

該怎麼形容呢，就是你帶著 10 塊錢去吃麻辣燙，可是你看上一碗 30 塊錢的大碗牛肉麵。

我突然想起一個有趣的遊戲，我問老婆：「妳是不是非常想擁有一輛車？」

兒子說：「買白色的。」

我說：「行，這樣吧，妳要不要接受一個挑戰？妳只要保證三十天內不生氣，我們就買。妳也知道路怒症有多可怕吧。」

老婆說：「這個提議好。有什麼條件要求嗎？」

我說：「妳只要生氣一次，就從買車的預算裡扣，小生氣扣一千塊，大生氣扣一萬塊，妳要不要挑戰一下？」

然後我蹲下來跟兒子說：「你要不要跟媽媽一起擁有一輛白色的汽車？」兒子十分興奮地點點頭。

我說：「你要不要跟媽媽一起接受挑戰，三十天不生氣，就是三十天內不准瞎胡鬧、不准亂發脾氣、不准哭鬧，只要三十天內做到，你和媽媽就可以一起擁有一輛白色的汽車。如果你違背了這個挑戰，就要從媽媽的車款裡扣錢，你同意嗎？」

兒子開心地說：「同意。」

挑戰第一天，我老婆突然變得無比溫柔可愛，兒子變得無比伶俐乖巧，你看，所謂情商高，就是得加錢。

我開始憧憬擁有一輛車後兜風的樣子：打開車頂窗戶，那就是滿眼星空，去海邊兜海風、去山上兜山風、去森林裡兜林間風，想和你再去吹吹風，雖然已是不同時空，還是可以迎著風，隨意說說心裡的夢。

三十天過去了，挑戰結束，我把車款交給老婆，兒子如願以償地擁有了一輛白色的「汽車」——敞篷小跑，對，就是小跑助力一下，單腳往地上一蹬，然後嗖的一下就滑出去了，速度與激情，都有。

我問老婆有什麼感想？老婆說：「我的 SUV 一個月就變滑板了？」我說：「以兒子的脾氣三十天後著還剩兩個輪胎，不錯了。」

老婆說：「你是不是早就料到了？」

我說：「真想買車的話，妳也不會接受這個挑戰。」

老婆笑著說：「你早就看出來我們很窮根本買不起，為什麼不提醒我這點？」

我們互看一眼哈哈大笑，突然覺得這種感情狀態真好，窮也窮得不亦樂乎，窮也窮得理直氣壯，最重要是還窮得心有靈犀，不用死要面子讓自己尷尬，對方給一個眼神，你就知道該給他找一個什麼樣子的臺階下。

結婚愈久你愈會發現，心意就越容易相通。

有一天，我從樓下的超市買了水果蔬菜回家，老婆說跟她買的一模一樣。真的很神奇，連買的數量幾乎都一樣，關鍵是裡面有一項是砂糖橘，我們都不可能數一數要買多少個。

我笑著說：「妳認為這是夫妻多年來的默契嗎？」

老婆笑著立馬補了一句：「不，是因為樓下超市能買的基本上就這幾樣。」我們也不知道這個梗哪裡好笑，但就是當場笑到不行。

婚姻裡最有意思的挑戰就是：可以互相拆臺，但是從不讓對方下不了臺，這是一項獨門技術。

當你能接受對方
真實的一面，
才算是愛情

後來你的每一個吻，都再也沒有初吻那般甜蜜心動，

但是，每一次都更讓你特別的心安舒服。

1
...

有一天，我叫喊老婆，我叫一聲，她回答一聲，叫了幾遍，她問我：「怎麼了？」

我笑著說：「沒事。」老婆生氣地說：「我又沒掉魂，瞎叫什麼？」

我說：「妳掉沒掉魂我不知道，但如果叫妳，妳都沒回應，我可能就掉魂了。」

我不知道你們有沒有那麼一種感覺，就是叫一個人的名字她回答了，你就莫名感到心安，像是聽到春天的布穀鳥叫，夏天的蟬鳴，秋天的蚰蚰叫，冬天梅花落下的聲音。其實四季很普通，冷暖都是因為有回應。

老婆笑著說：「你這情話說得沒水準，重說。」

我問：「說什麼？」

老婆：「我沒心動啊！」

我說：「怎麼才能讓妳心動呢？」

老婆說：「完了，完了，你不愛我了。」

我問：「中午去吃火鍋？」老婆沒反應。

我又說：「去吃烤鴨好不好？那酥皮配著嫩肉蘸點小白糖，再加個京醬肉絲，細絲的蔥花段打底，上面鋪上肉絲黃瓜條和饊子，全部卷在薄餅裡；再加個酸湯比目魚，湯要夠酸辣；白灼一個菜心全當解膩；再來兩隻甜筒，左手一個，右手一口，只咬尖。去不去？」

老婆回答：「別說了，心臟受不了。」

2
...

我跟老婆商議，等兒子大一點幫他報個什麼才藝班。

老婆說：「去報個廚師班吧。」

我說：「妳這話鋒不對吧，等孩子上學到了六一兒童節表演，人家彈吉他、彈鋼琴，多優雅多紳士，再不濟唱個歌、跳個舞，你兒子倒好，一回家就說『媽，明兒六一幫我準備一口鍋，我表演做三菜一湯』，合適嗎？」

老婆說：「光想想那畫面，就感覺很好吃啊！報什麼班合適呢？川菜學習班吧！我要把懷胎十月戒的辣椒吃回來。」

我說：「算了吧，還是學做粵菜吧，你看廣州菜裡的白切雞、蜜汁叉燒、老火靚湯、煲仔飯；潮州菜裡的潮汕牛肉火鍋、芙蓉蝦、沙茶牛肉；東江菜裡的客家釀豆腐、梅菜扣肉、豬肚包雞。魯菜也行啊，什麼糖醋鯉魚、芙蓉雞片、蔥燒海參、九轉大腸、湯爆雙脆，我不挑食的。」

老婆笑著說：「關鍵是鍋比吉他、鋼琴便宜啊！」

這麼機智可愛的老婆也是難尋了，親子教育省錢都省得這麼聰明，再也不用擔心夏令營了，往後我們家野炊，別人家小朋友出國遊玩長閱歷，我們家屬害了，出鍋啤酒鴨燉雪梨。

•••

老婆說：「你去拖地，我去洗衣服。」

我說：「憑什麼妳用全自動的，我就得全人工啊。」

老婆說：「洗衣服麻煩啊，你看，三個人的衣服要分類，再扔進洗衣機、放洗衣液，洗完還要晾衣服，晾乾的衣服還要分類整理，複不複雜？你看，你拖地就兩字，我洗衣服可是三個字啊，你說哪個累？」

我笑著說：「妳少用語言上的複雜掩蓋妳偷懶的事實。我們家哪個電器不是人工智慧的，妳對著冰箱喊一聲，我要吃雪糕，雪糕立刻遞到妳手裡。」

老婆說：「你還真好意思說，哪一次不是收了『過路費』的，我吃過一個完整的雪糕嗎？！喝過一瓶完整的優酪乳嗎？！吃過一塊完整的巧克力嗎？！」

我笑著說：「這不能怪我，市場經濟中間商是要賺差價的。」

後來有一天晚上，我從冰箱裡拿了鴨脖和優酪乳正想吃，老婆跟兒子那小眼神盯得真緊啊。兒子問我：「你拿這兩個東西究竟幹什麼呀？」

幸虧我機智說：「我就是量一量這兩個東西的尺寸跟我的胃合不合適。」

然後，兒子直接從我手裡拿走了優酪乳和鴨脖，把鴨脖遞給我老婆，老婆笑得跟要蹦起來的爆米花似的，我就懵了，我說：「爸爸也是親生的啊！」

兒子笑著把優酪乳遞給我，果然，兒子還是愛我的，我熱淚

盈眶。沒白養，孔融三歲知道讓梨，兒子知道讓優酪乳，令我很欣慰啊！

兒子笑嘻嘻地說：「爸爸，幫我打開。」我眼淚都含在眼眶了，繼續往下流呢，還是不流呢？

再看我老婆，左手一隻鴨脖，右手一隻鴨脖，啃得那叫一個歡樂啊！

這一瞬間，百感交集，我還能怎麼辦？老婆自己娶的，兒子自己親生的，含著淚也得寵下去，感覺生活好艱難啊！

我打開優酪乳杯遞給兒子，兒子沒接住，優酪乳杯掉地上了，優酪乳灑了出來，我趕緊拿紙擦，兒子也幫著擦，一陣手忙腳亂，我跟老婆說：「妳好歹幫一下忙啊！」

老婆穩如泰山，左手一隻鴨脖，右手一隻鴨脖，啃得還是那麼帶勁兒，笑著說：「術業有專攻。」

術！業！有！專！攻！這種優酪乳瓶子倒了都不扶的老婆，想添兩瓶優酪乳送出去，最多再加一盒辣鴨脖。

4
...

日本作家渡邊淳一有本書叫《男人這東西》，裡面有段話讓人印象深刻：總之，所謂婚姻並不只是一對相愛男女的結合。他

們相互間扮演著父親、母親或朋友的角色，必要時各自展現出孩子般天真幼稚的一面，如此等等都是婚姻的組成部分。如果沒有這些，恐怕很難稱得上是真正的婚姻。

我也不知道婚姻應該是什麼樣子，反正你只要抱著認真的態度去過日子，日子也沒那麼糟糕。

時間會把兩個人的優點、缺點扔進婚姻的鍋裡，熬啊熬，熬啊熬，慢慢地有了默契，慢慢找到相處不累的方式，開心也好，吵架也好，碰到困難一起解決也好，兩個人相視一笑，所有恩怨一筆勾銷，日子接著過。後來你的每一個吻，都再也沒有初吻那般甜蜜心動，但是，每一次都更讓你特別的心安舒服。

我所理解的婚姻就是過日子，開心一天是一天，不開心，睡一覺，明天重新過，反正來日方長。我不相信日子都是苦的，我這麼可愛，生活敢給我一點甜頭，我就敢做糖醋魚、糖醋里肌、糖醋小排、糖醋雞翅……哦，糖好像不夠了，沒事，明天再去賺點糖。

生活好討厭，
還好你很可愛

愛是我們對抗生活殘酷唯一的生存工具，
每一次美好的瞬間，都相當於給愛加血加能量。

1
· · ·

有一天閒著沒事，我問老婆，有沒有那麼一瞬間，覺得結婚
是一件特別美好的事？

她說：「有啊，醒來的時候聽見你在廚房忙、陽光照在被子
上、貓在伸懶腰、狗打了一個哈欠、接到媽媽的電話問現在孕吐
還很厲害嗎？

你出差回來我去火車站接你，站在火車站東出站口看著一大

群人往外走，想想裡面有一個你，自己就站在那裡傻笑，然後你向我招手。

每一次我因為各種煩心事委屈得哭的時候，每一次我害怕不知道該怎麼迎接小生命、怕萬一養不好怎麼辦的時候，你總是咧著嘴，笑著跟我說，不是還有我嘛。」

其實，把所有美好的瞬間打碎了揉在生活裡還是屈指可數。**生活，歸根究底是殘酷的，而愛是我們對抗殘酷唯一的生存工具，所以，每一次美好的瞬間，都相當於給愛加血加能量。**

我接著問老婆，那沒有那麼一瞬間，覺得離婚或許也是一件特別美好的事？

她說：「有啊，你打翻醬油，弄得爐子一團糟；貓在磨爪子，抓破了被罩；狗在屋裡轉圈跑，狗毛滿天飛；接到物業的電話，這個月該交暖氣費了。

每一次吵架看你坐在那裡傻笑一句話不說，我就氣到不行，你不知道一個巴掌拍不響嗎？你好歹回我一個擊掌啊！

你不給狗洗澡、你不給貓換貓砂、你睡到日上三竿、你吃葡萄不吐葡萄皮、你炒番茄雞蛋糖放得太多……總之，細想的話，大概能找到 100 個離婚的理由吧。」

我問：「可是我們為什麼沒離婚？」

她說：「生活好討厭，還好你很可愛。」

我笑著說：「那妳誇我一句啊！」

她說：「真羨慕你，娶了一個可愛的老婆。」

過日子，歸根究底是要追求幸福，愛可以抵禦一切侵蝕，你說，誰的生活裡沒有瑣碎、委屈和不甘，關上門，柴米油鹽，日子還是得好好過。

如果你抱著不認真的態度在婚姻裡生活，生活一定會給你一個懲罰，抬頭看蒼天，它饒過誰啊？

2
...

偶爾我也會跟老婆吵架，吵到最後誰都不理誰。

我沉不住氣，就去買很多好吃的，什麼滷豆干、烤豬蹄、辣鴨脖、榴槤、章魚小丸子，虎皮雞爪，裝滿一大袋子拎回家。

老婆說：「哎，你每次都讓它們來替你求情，我又不好駁它們面子。你看，把蹄筋委屈的，榴槤酥咧著嘴都難過得要哭了。小丸子，你又來了，好久不見。滷豆干，你下次別來了好嗎？你知道的，咱倆不合，我喜歡麻辣味的。底下的雞爪子，讓我看到你們的雙手，好嗎？」

老婆一邊吃，一邊跟我說：「下次吵架，你能不能走點心，我們家樓下新開了一家糖炒栗子店。」

我說：「不吵了。」

老婆問：「為什麼啊？」

我難過地說：「紅包裡餘額不夠了，吵不起了。」

有時候我被老婆氣憒了，就說：「妳信不信，我能隨時隨地打哭妳。」

老婆挑釁地說：「你打一個試試。」

我掏出手機立馬給老婆轉帳，然後說：「轉給妳 521 塊錢，是不是馬上感動哭了？妳看，我還是愛妳的。」

老婆一臉倔強地看著我，突然說：「你哪來的錢？」

對啊，對於一個沒有錢包、銀行卡交給老婆的男人來說，哪來的錢？我也很費解。說微信紅包六週年慶送的，還是小馬哥過生日送的？

我百口難辯：「我……我……我……」

老婆說：「我什麼我。」

我突然覺得有時候自己很機智，說：「我們都有一個家，名字叫中國，兄弟姐妹都很多，景色也不錯……」

3
. . .

這世上有一種不幸，是我老婆有一個不靠譜的老公，永遠在過那種想一齣是一齣的日子。

老婆懷孕時，我說：「我關掉廣告公司，陪妳」就把開了七年多的廣告公司關掉。兒子快一歲半時，我說：「我想帶你們娘倆出去走走，不如我們賣掉房子，能走多遠算多遠？」

老婆問：「你真的喜歡旅行嗎？」

我說：「也許吧，一家人走在路上，有風有雨，去經歷一種生活，一輩子圍著李村河走一萬遍，不如去塞納河邊走一遍；從菜市場買龍眼，不如去坐坐倫敦之眼；妳總是去李村公園走走，也應該去看看林肯公園，生活應該有無數種樣子。」

這世上有一種幸運，就是能娶到一個願意陪自己瘋陪自己鬧的好女生。無論我做多麼荒唐的決定，她都笑著支持我。

我問她：「妳不害怕這種顛沛流離的人生嗎？」

老婆笑著說：「自己嫁的老公，含著淚也要過完這輩子。」

結婚後兩年，我沒有工作，或者說我唯一的工作就是全職家庭煮夫，我有逛不完的菜市場和做不完的一日三餐，我知道應該再也回不到職場了，索性就把做飯做成一種職業，一鼓作氣寫了好幾本關於美食的書。

雖說很多世人想做大英雄，我卻愛上廚房，索性不如就給老婆孩子洗手做羹湯吧。雖然也常常因為放多了鹽而吵架，卻也常常因為炒出了新菜而驚喜，傍晚的夕陽會穿過窗戶，照在我家廚房的抽油煙機上，那是我一天中最開心的時候。

菜端上桌，老婆說：「如果有一天你厭煩了那種行走在路上

旅行的日子，沒事，回家，我再陪你安守清貧過日子，反正我很好養活的。」

我說：「我信妳個大頭鬼，房子都賣了，哪來的家？」

老婆說：「你在哪兒，哪兒就是家。」

我轉身，去切洋蔥了。

4
...

前兩天我跟老婆討論，怎樣過一個快樂而油膩的中年？

她說，很簡單啊，有事做，有人愛，有所期待。

結婚這兩年她變了很多，生完孩子以後我怕她抑鬱，建議她做點自己喜歡的事，她去老年社會大學學國畫學素描，學費便宜，老師水準又高。她去考駕照、學吉他、學英語，她開始有許多的計畫。我一度以為學費會很高，其實不會，當你開始學習的時候，你總會找到物美價廉的課程，有些甚至還是免費的。

她突然像一個回到 18 歲的小女生一樣，對未來充滿無限憧憬，她甚至一度問我要不要重新參加高考，考個藝術院校繼續去上學。

我說：「妳喜歡就去考，我帶著兒子住你們學校對面，偶爾去聽課。」

她問：「你會不會很累，又養兒子又養『女兒』？」

我笑著說：「兒女雙全啊！」

她問：「我這樣是不是沒有當媽媽的樣子？」

我說：「媽媽該是什麼樣子？妳想讓自己的孩子成為什麼樣的人，妳就做那樣的人好了。父母的眼界一定會影響孩子的眼界，孩子跟妳學的都是妳和這個世界相處的態度，我喜歡妳打開這個世界的方式，我沒有愛過 18 歲的妳，如果妳願意回到 18 歲，我一定帶著兒子去跟 18 歲的妳求婚。」

人到中年，不可能不油膩，總有艱難的生活催著你向前走，即使如此，還是要熱愛生活，婚姻到這個時候才顯得特別的可愛，有點理想，有點拼勁，那就再搏一把。

前幾天，我買了一大堆的書，有上百本，老婆問：「這麼多書你看得完嗎？」

我反問：「我為什麼要看完？」

她說：「你不看，買這麼多書幹什麼？」

我說：「妳看一半，我看一半，看到有趣的地方，都講給對方聽。」

老婆愣了愣，笑著說：「行。」

我說：「那妳先挑，剩下的我看。」

老婆蹲在地上挑書的那一刻，我真的覺得婚後生活特別的美好，我們活在大把的壓力裡，也活在滿懷期待裡；生活遍地是溝，

抬頭仍有滿天星辰；生活總是柴米油鹽，間隙也可以有詩和文藝，說到底日子還是自己選的。

一個人總能看完上百本書，但是我更喜歡有一半書的內容是從愛人嘴裡聽說來的，可能這就是婚姻的樂趣，足以對抗油膩的中年裡那些無聊的日子。

相愛，就是兩個人 互相治療精神病

日子嘛，笑著能過，吵著也能過，沒法剔除掉不喜歡的部分，只去過自己喜歡的那一部分。

1

有天老婆說：「你不愛我了，人設崩了。」

我說：「從我結婚的那天起，一路小跑似的胖了 30 斤，當我穿上我心愛的牛仔褲蹲下的那一刻，就崩了。」

在我們家吵架，一般起步是一小時，先陳述事實，然後雙方舉證，上論據，最後總結答辯。如果準備不充分，智商就會被一頓狂碾壓，這要是動起手來……

哼，不是我跟你們吹，就我老婆那點花拳繡腿，不出十秒鐘，她就會跪下來，給我做人工呼吸。

有一天晚上，兒子睡了，我們吵架，老婆離家出走，我攔都沒攔，氣勢上不能輸。

老婆出門十幾分鐘後，我打開手機定位，看著我老婆一點一點地移動。天這麼冷，老婆一定扛不住，我數一百個數，老婆一定會乖乖回來投降，然後我開始數。1、2、3，然後，然後…再然後1080、1081、1082，一刷新手機定位，老婆在一家燒烤店一閃一閃亮晶晶就定位。

微信收到一張燒烤照片，嗖的一下又撤回了。

什麼意思？自己一個人跑出去吃燒烤不叫上我，這日子沒法過了，關鍵是她還點了我最愛吃的烤板筋和烤排骨。

我肚子裡的饞蟲說，去吃吧！去吃吧！去吃吧！我不要面子的啊！對，一個男人在啤酒和燒烤面前要什麼面子。我穿上大衣，悄悄地關上門，下樓直奔燒烤店。

我心裡想，怎麼才能有尊嚴地把這一頓燒烤吃上呢？怎麼道歉才能顯得我沒輸呢？要不要表現出那種不經意間的邂逅：「呀，妳也在啊」，然後厚著臉皮拿起一串烤排骨，端出自己的氣勢來，用魅力征服老婆呢？

一個籤子倆雞翅，一個翅膀喝兩杯，我來晚了，我先自罰四個。

人到中年你就懂了，夫妻是真愛，孩子是意外。

2
...

當然，有時候吵得很激烈，互相不理，但是扛不過一晚上，好像夫妻都沒有隔夜仇。第二天醒來，發現身體還是相擁在一起，大家都醒了，但還是閉著眼裝睡，誰說第一句話誰尷尬。

慢慢地大家都假裝伸一個懶腰，然後離開彼此的懷抱，等一個時機，夫妻多年，太懂對方了。

老婆在等我道歉，我在等老婆餓得肚子咕咕叫，只要老婆肚子咕嚕一叫，就是鳴金收兵啊！最後我還是溜下床去做飯，飯菜一出鍋，什麼仇什麼怨都煙消雲散了。

結了婚你就會發現，生活裡埋藏了無數的雷，搞不好還能踩上連環炮，吵不吵架都在情緒起來的那一刻、第一句話。

我們家經常被兒子整得雞飛狗跳，家裡那叫一個亂，該怎麼形容呢，那是慘不忍睹，就是哪裡落腳哪裡就是路，從書房到客廳，腳下不安裝個導航儀都容易迷路。搞不好一腳踩在尖叫雞身上，整個人那叫一個爽啊！

我和老婆準備分工收拾，她站在廚房，我坐在客廳的沙發上。

我問老婆：「收拾哪裡？」

　　老婆說：「你想收拾哪裡？」

　　我說：「我哪裡都不想收拾。」

　　老婆生氣地說：「不想收拾，你說個什麼鬼？」

　　我笑著說：「妳以為我會選一個，可是我偏不選，營造一種反轉的氛圍，意不意外？」

　　我重新問：「妳收拾哪裡？」

　　老婆說：「哪裡都不收拾。」

　　我說：「妳不能重複我說的，沒有新意沒有驚喜，妳必須營造一種緊張、刺激又反轉的氛圍。」

　　於是老婆說：「我哪裡都不收拾，就收拾你。」

　　然後我們哈哈大笑著開始打掃，兒子體會不到笑點在哪裡，但是為了避免尷尬，他也開始誇張地笑，兒子浮誇的演技又把我和老婆逗得笑到不行。

　　笑點具體在哪兒，不知道啊，就是那一瞬間，雙方都懂了對方的梗吧！日子嘛，笑著能過，吵著也能過，沒法剔除掉不喜歡的部分，只去過自己喜歡的那一部分。

　　有時候夫妻吵架，也許就是彼此在校對三觀。生活只是撓了兩人中的一個，另一個人也跟著笑了。所謂夫妻一場，大概就是有梗同笑，有愁同扛吧！

　　你問為什麼生活總是一地雞毛，那是因為鍋裡是小雞燉蘑菇

啊，還加了粉條呢，再放點青椒、馬鈴薯片，搞不好你能燉成黃燜雞。萬一雞有點大一鍋燉不下，那就兩吃，再煮個辣子雞。生活百般滋味，你只拿個油鹽醬醋，是不是對生活不尊重呢？你的咖哩呢、你的焦糖呢、你的藤椒呢？煨它，燉它！

　　我一直堅信能量是守恆的，用嘴吵的架也得用嘴還，親一下，泯恩仇。你看，昨兒才吵架，淪為路人，一覺醒來，陽光明媚，親一口，小別勝新婚啊！

不管友情還是愛情，
雙向奔赴才有意義

1
...

　　婚姻有兩種，一種是你能看到的，上街手牽手，餐廳裡吃飯面對面談笑風生，車站離別久久擁抱不願分開。還有一種，你看不見，人家關上門過日子。

　　中年婚姻最扎心的問題是：你家床上幾床被子？中年婚姻也很微妙，好與不好，你騙得過自己，騙不過床上的被子。你仔細揣摩，該兩床被子或者分房睡；然後自我解釋說，有人打呼嚕影

響睡眠品質，一個要照顧剛出生的孩子，半夜起床次數太多會影響另一個上班的人休息。

解釋在掩蓋什麼？可是，你新婚的時候不會這樣解釋。因為我們害怕承認：兩人沒有當初那麼相愛了。從一個被窩到兩個被窩，從一張床到兩間房，我們很清楚婚姻哪裡出問題了；我們總以為時間會給答案，一拖再拖，婚姻就變成合租。

摧毀中年人的婚姻從床上放兩床被子開始。一旦吵架，一個人抱著被子走了，你猜，走的人傷心還是留下的人傷心？

逃避永遠比面對輕鬆。兩床被子，那可是兩個世界啊！

2
...

有多少女人在婚姻裡裝傻？她難道不知道是早就沒愛了嗎？

我聽過一個女生回答：也不是不愛了，愛不會憑空消失，也許只是轉移了；一場婚姻之所以沒崩塌，靠什麼維繫，自己很清楚。你會因為三觀一致而興奮結婚，也會被生活的瑣碎刷新三觀。怎麼辦？

會因為盤裡的魚湯灑在廚房的地上就離婚嗎？

會因為看到沙發上堆積的髒衣服就離婚嗎？

會因為孩子把家裡弄得雞飛狗跳就離婚嗎？

也許氣頭上來的那一刻你想過離婚。但後來呢？不斷失望的人兌現了離婚，消滅失望的人愛到了白頭。

　　我曾經問過一個女人：「是什麼讓妳下定決心離婚？」

　　她說：「我終於成了他眼裡一無是處的廢人。他罵過所有難聽的話我可以忍，可是後來他罵我們的孩子，我就澈底失望了。一段感情不能好好說話的時候，也許就是大結局了吧。他可以否定我的人生，我忍，但是我不允許他否定我們的孩子，孩子才2歲，為什麼要聽那些髒話。我受夠語言暴力，他摧毀我對婚姻最後一點幻想，我怕有一天忍不住跟他對罵，我也變成他那種人。

　　原來，人在憤怒的時候可以看清楚另一個人的面目有多可憎。我本以為稍微忍一下他就能收口，卻換來變本加厲。如果第一次吵架我就制止他，也許後來的婚姻也不會越來越糟糕吧。」

3
⋯

　　我想起朋友說的「婚姻12分鐘理論」。

　　他說：「早晨起來的4分鐘，不要跟對方吵架，多一些讚美的詞，那就是美好一天的開始。出門前，抱抱或者親一下，那就是跟殘酷生活對抗的力量。下班回家4分鐘聊點輕鬆的話題，累了不想說話，坐在一起發呆也行。晚上睡覺前4分鐘，聊點情話

或者一天裡有趣的事，不說話，牽著手安安靜靜地入眠也行。」

除了語言，肢體也是表達愛的一種方式。我們難以做到每天八小時去愛對方，但是每天拿出來 12 分鐘專注地去愛，那麼婚姻就不會太糟糕。我們說的陪伴大概就是，我在你身邊的時候只愛你。

我問這個朋友：「有了孩子以後還會那麼輕鬆嗎？」

他說：「你覺得孩子是麻煩，那就是巨大的麻煩；你覺得孩子是樂趣，那就是一筆巨額的財富。」

孩子一出生就讓人手忙腳亂，有一天當你理順了就會發現，工作也變得越來越順利，家庭關係和諧讓人更有安全感。

你一開始只拿出十分鐘去享受親子時間，你會發現後來十分鐘變二十分鐘，二十分鐘變一小時，孩子為你打開一個萬花筒、五彩繽紛。

4
...

其實跟誰結婚固然重要，但更重要的是，妳／你是個什麼樣的人。我們可以在無數的生活瑣碎面前決定後來婚姻的走向，妳很忙，但是一天拿出來十幾分鐘去愛，不算是強人所難吧？所以，有沒有嫁對人，妳心裡沒數嗎？

妳當然知道婚姻是在哪一個環節出現了問題。假如時間可以

倒流，回到那個節點，妳會做什麼選擇？

　　至少不應該讓第二床被子出現在床上，至少別讓那個環節成為一次失望。在第二次去民政局（戶政事務所）以前，我們都有無數次的機會擁有想要的婚姻，光靠一個人改變是不夠的，還得需要另一個人配合。

5
...

　　婚姻真的會懲罰不認真生活的人。

　　讓你委屈、失望、後悔的不是婚姻，是你的猶豫不決，是你不願意做出改變的妥協，是你一再拖延的湊合。問題不會憑空消失，只會一次又一次被掩蓋，然後積累、變大，直到最後吵得不可開交的那一次，直到有一個人先說了離婚。

　　婚姻靠什麼維繫，靠「愛」啊，很多很多的愛，說八百遍也是愛！千萬別讓它轉移成靠孩子維繫、靠利益維繫、靠面子維繫；除了愛以外，任何一種維繫，都有崩塌的那一刻。你很清楚和一個讓自己孤獨的人共度日子有多難受，只有愛才會無縫填滿婚姻。

　　愛不是包容，不是委屈，不是妥協；而是陪伴、溝通和理解，一起消滅失望，創造希望。

如果感情裡有後悔藥，
我猜一定很暢銷

時間不會給任何一段感情面子，
只有珍惜才能讓人僥倖打個平手。

1
. . .

跟哥們一起喝酒，聊起他的故事。說一個女生特別萌，她平舌音和捲舌音分不清楚，說話特別有意思。

她總是愛敲哥們兒的頭，哥們兒說：「妳幹嘛總敲我的頭？」

她笑著說：「敲你可愛啊！」

哥們兒說：「會敲笨的。」

她笑著說：「笨一點好，笨一點好，萬一喜歡上我呢。」然

後哥們也敲了她的頭。

她愣了愣說：「你幹嘛敲我的頭。」

哥們笑了笑說：「傻瓜，因為，我敲喜歡妳啊！」

分手的時候，女生哭著說：「你再敲我一下。」

哥兒們說：「不敲了，萬一敲笨了，以後嫁不出去，怎麼辦？」

女生說：「那我就賴你一輩子。」

2
...

我問哥們，兩人為什麼分手？

他飲著小酒，苦笑著說：「走不下去了。感情的事有時候特別簡單，就是倆人一起走路，走著走著，一個看見馬路對面有賣烤麵筋（麵腸）的，嚷著要吃，就過了馬路。你知道的，紅綠燈是有時間的，另一個稍微猶豫，紅燈亮起，接下來就是車水馬龍，把你們沖散了。」

很久以後，這個哥們坐公車去辦理公司業務，公車開沒幾站碰巧那女生上了車，他們看見彼此，誰都沒有先開口說話，哥們為了多看她一會，多坐了三站。

女生傳訊息給他：我就陪你坐到這裡，再多過一站就要加錢了，你就送到這裡吧，我要結婚了。

加一塊錢就可以坐到終點站，可是誰都沒有力氣從口袋裡再拿出一塊錢了。

哥們後來透過公車的玻璃，看著女生一下子走進了擁擠的人群，其實，他很想跟著她一起下車，問問她最近過得好嗎，她重新愛上的那個人疼她嗎？最後，他衝著玻璃笑了笑，算了。

3
...

女生說，我們分手後，我一直沒有長大，我想有一天萬一他突然反悔了，回來了，我還得是從前他喜歡的樣子。傻就傻點吧，誰讓我先喜歡他呢，**愛總是折磨那個先動心的人**。不過，我最多等他三年，三十歲準時結婚。

那個失戀了的女生叫小荷，在寧夏路和大堯三路岔路口的便利店門口喝酒到凌晨三點。她不哭、不鬧，一個勁地喝酒，還笑著問：「你幹嘛不勸我放手？」

我想了很久，問她：「要不要再加一碗關東煮？」

她笑著說：「要。」

其實你心裡很清楚，那個跟你說分手的人到底是嚇唬你，還是真的想分手。

戀愛越久越覺得不會分開，反正都習慣了，分開代價太大。

可是時間擺了愛情一道，但這也是在「刮骨療毒」，一開始你後悔怎麼就真分開了，愛了那麼多年，沒有功勞也有苦勞，你掙扎著說的那句：「我還愛著你。」多數是心有不甘。

不合適的人，早晚會分開。也有人分開以後，站在劇情外才懂劇中人的情深，才知道珍惜的可貴，曾經一葉障目不見他的好，時隔三秋才知眼前人就是心上人，你問他為什麼站在原地一直等。

是啊，哪有人敢傻等啊，只不過是覺得自己稍微勝算大一點而已。

4
...

我問哥們，現在不談戀愛是因為還想著她？

哥們搖搖頭說：「跟一個陌生女生介紹自己很麻煩的，九年感情抹掉重新開始太累了，就像九年義務教育，你學會拼音、學會九九乘法表，學會 Good morning，突然有一天醒來，腦袋一片空白，你成文盲了，要重新開始學『我愛你』，你說，從頭來過累不累？」

我問他，分開的這一年是什麼感覺？哥們笑著說：「你知道的，我倆脾氣都倔，上來那股氣誰都不肯低頭。我怕她真的跟別

人戀愛了，節日、生日我都給她送花，就是想讓她們公司的男同事知道，這個女生有人追，別費心了。怕她認出來我寫的字，所以都是用左手寫賀卡。千防萬防，她還是要結婚了，我就納悶了，她哪來的新郎啊！？」

我歎了一口氣說：「你們兩人啊，都是那種寧願失去也不願意低頭的人。」

哥們突然笑著說：「不如我們去搶婚，怎麼樣？」

我說：「你有病吧？在你身邊你不寵著，人家走了，幸福了，你倒來勁了，你有這能耐怎麼不用在戀愛上呢？」

哥們猛灌了一口酒，苦笑著說：「晚了，都晚了，一開始分手是大張旗鼓地試探，時間一起哄，假戲就成真了。你慌張地伸手去拉，她卻轉身進入人海，你大聲喊又有什麼用，人聲鼎沸，你那句遲到的『我愛你』又算什麼？

時間不會給任何一段感情面子，只有珍惜才能讓人僥倖打個平手。如果感情裡有後悔藥，我猜一定很暢銷。」

我對著桌子上開著擴音的手機說：「妳都聽見了吧？」

電話那頭的女生說：「如果我們從頭來過，這一次我起個頭，從結婚開始，你敢不敢？」

這故事是不是真的？你猜。

人生只有一次，
別讓不愛你的人
把它荒廢了

生活是條生產線，
你說的愛情在婚姻裡都是半成品。

1
...

有人問我，婚後感覺好嗎？讓我來講幾個小事吧。

夏天時菜市場裡很悶熱，我常去買菜的小攤是一對夫妻在經營。有一次，我碰到攤主的老婆在幫他搧扇子，他在摘菜，也許是攤主剛說了一個笑話，他老婆笑得很開心。

有一次我看見攤主把兩支雪糕藏在身後，讓老婆猜他拿的是什麼，老婆擦了擦臉上的汗笑著說：「要是有一支雪糕就好了。」

攤主很遺憾地搖搖頭說：「不對。」然後把雪糕放在老婆面前笑著說：「是兩支。」

他老婆開心地問：「你怎麼知道我想吃雪糕了？」

攤主笑著說：「剛才妳看見個小孩拿著一支雪糕，把妳饞得直滴口水。」他老婆就開心地吃雪糕了。

有一次我看見攤主提前收攤，就問他怎麼這麼早收攤？那時候他正蹲在地上給老婆捏腿，笑著說：「老婆說站累了。」

他老婆笑著埋怨：「你這樣會少賺好多錢的。」

他笑著說：「顧客天天有，但老婆只有一個。」

我不知道他們生活條件如何、一個月賺多少錢、會不會吵架？但是我每次見到他們都由衷覺得結婚真好。因為他們兩個人一起忙一起賣菜，笑起來的樣子讓人感到陽光明媚。兩個人互相心疼，日子不管是起早貪黑也好，辛苦勞累也好，既然選擇了，開心過下去最重要。

這些小事可以拆出來一些關鍵字，我問那個問問題的女生：「妳願意嫁給一個有趣、疼妳、懂妳的男人嗎？」

她毫不猶豫地說：「願意。」

我說：「可是妳要陪他在菜市場賣菜，有可能會賣一輩子菜，妳還願意嗎？」

女生猶豫了很久，沒有回答。我知道她猶豫的是什麼，我們終其一生要找那麼一個人，不是為了結婚，而是為了跟他一起過

想要的生活。妳看，其實妳嫁的是生活，愛情只是敲門磚。

電影《非誠勿擾 2》裡有句話：「婚姻怎麼選都是錯的，長久的婚姻就是將錯就錯」。其實妳不傻，怎麼願意把自己的一生交給一個錯的人，然後將錯就錯呢？婚姻怎麼可能是嫁給誰都一樣呢？

結婚是一場酒席，在哪裡辦都一樣，頂多一天的辛苦，可是婚姻可是一天又一天的日子啊，解題思維錯了，最後怎麼可能答案是對的？有人勸妳結婚，說結婚最美的不是如願以償而是陰差陽錯。別傻了女孩，可以一輩子不結婚，但千萬不能嫁錯郎。

後來女孩說：「我不想過那種一眼就看到頭的生活，早起進菜，站在菜市場一整天，沒有週末、沒有節假日。」

我們不是用一樣的方式生活，自然不懂在菜市場賣菜的樂趣，只看到他們的辛苦，不是自己想要的生活。可是，沒有哪一種婚姻生活不辛苦，重要的是能跟心愛的人坦然享受生活給的甜或苦。

2
...

結過婚的人才能看透婚姻到底是什麼。

你說，它應該有儀式感，於是紀念日要買禮物；你說，它應

該有歸屬感，於是早點下班回家吃飯；你說，它應該有榮耀感，無論過去多少年，依然能相愛如初。

其實，**婚姻就是日復一日的生活**，**甚至是很無聊的生活**，仔細想想，昨天、今天、明天，其實都活得差不多。

難的是無話可說的時候不尷尬、吵架後能笑著抱抱、無論日子多苦都能不放棄、一起把無聊的日子過得更有趣一點、更甜一點。

如果你壓根就沒明白想要過怎樣的生活，那就不要隨便結婚。生活是生產線，你說的愛情在婚姻裡都是半成品。

結婚，是選擇一種自己喜歡的方式生活。

吃飯、睡覺、接吻、離別，都因為這個人變得不一樣。妳跟他在一起，會覺得「與眾不同」，會覺得人生超有意義，僅憑這一點，妳就願意嫁給他。妳問幸福的終極意義是什麼？是結婚嗎？那是遲暮之時，有人推著妳的輪椅，告訴妳：「妳看夕陽真美，像極了那一年我說我愛妳後，妳羞紅的臉」。

對！就是因為是他讓妳的每一天都變得跟別人不一樣，同樣地妳也讓他的每一天變得不一樣。

如果有一天把他從妳的生活裡抽離，替換了另一個人進來，他也浪漫、也讓妳心動、也風趣幽默，這樣行不行？不行，感覺不對，那不是妳想要的生活。**婚姻不過是日復一日的普通日子，在一起偶爾山珍海味，一直粗茶淡飯，不膩才最舒服。**

3
. . .

很多人常問一個問題：「結婚後才碰到今生摯愛，怎麼辦？」

這個問題讓人有點懵，難道結婚不是跟今生摯愛結婚，而是隨便找一個人嗎？跟一個人生活很久，突然有一天碰到今生摯愛，就覺得整個生命被點燃了？那結婚這幾年對你來說，到底算什麼？

我曾聽過一個故事，有個女生，有一天她老公跟她說：「我跟妳是親情，跟她才是愛情。」

她哭了一夜，為他生兒育女，為了照顧孩子放棄工作，整個人生都付出殆盡，全只為老公和孩子活著，到頭來，老公遇見愛情了。

她問過自己，還能過下去嗎？就算是大鬧一場，讓老公迫於婆婆的壓力重新回到這個家，他們之間也已經完蛋了，不可能假裝相安無事。你眼睜睜地看著一盤菜裡有蒼蠅，難道還能夾走繼續吃？這是做不到的，萬一吃著吃著又看到蒼蠅呢。

不是不相信兩人之間沒有愛情，而是不想過那種表面上和諧的生活。她也想過為了孩子忍耐，可是也自認為做不到，每個人底線不同，在眼裡揉進沙子難道還不能掉眼淚嗎？

後來，女生的母親問她：「妳確定想好了嗎？帶兩個孩子，往後只能靠自己，很難再嫁人了。」

她哭著說：「媽，我沒想好以後的路怎麼走，但是我知道，現在已經不是我想要的生活了。」

她母親想了想說：「行，把孩子接過來，媽幫妳帶，妳去找份工作吧，什麼都別多想，先賺錢再說。」

她說，連她自己都不知道當時是怎麼帶著兩個孩子熬過離婚後頭三年的，很多的委屈無處說，也不想說，單單一心想要過自己的生活，日子儘管累，但卻一點都不苦，因為她知道，每一份累都有回報。

如果當年忍氣吞聲，繼續過下去，跟老公扮演一對假相愛的夫妻，或許每個月不用努力自己賺錢，但那種日子才叫苦呢。

人生真的只有一次，別讓不愛妳的人把它荒廢了。

如果結婚不是妳想要的生活，那麼再等等也無妨。妳要明白：婚姻是生活，愛情是劇集，妳看到那些很甜的電視劇，相當於婚姻美好時刻的合集，50 集的劇情全甜總和不過才 2000 分鐘，可是妳跟一個人結婚六十年，那可是 3100 多萬分鐘，相當於把一勺糖融進 1500 多勺水裡，還甜嗎？

日子很平凡，跟愛的人在一起才不平凡。妳沒必要別人一催婚妳就結婚了。**想明白自己想過怎樣的生活、想跟誰在一起，這才重要。**

妳嫁的是一種生活方式，他娶的也是。所謂愛情，聽說的人多，見過的人少。

別違心地去討好這世界，
那樣太累了！

身邊愛的人都能有條不紊地生活著，

就覺得很好。

1

. . .

　　有個女生和我說：你不是我，不知道我購物車裡放什麼、早餐吃什麼、曾經走過什麼路、熬夜喝過什麼酒，就別勸我去見世面了，我現在過得很好。

　　我捨不得買好幾百塊錢一支的口紅，但是給媽媽買了好幾塊錢一件的羽絨服，她穿著暖和。帶爸爸去醫院回診，恢復得很好，儘管他講的笑話冷得離譜，可是聽不到還會惦記。發薪水時

就超開心，可以去吃心心念念的火鍋犒賞自己。洗了頭髮，老公給我吹乾，就覺得生活超甜。

也許一輩子都過不上那種，喜歡就買，不用看價錢的生活，但是能在超市裡對比價格又省了幾塊錢，也很開心；也許一輩子都收不到貴重的禮物，但是老公能給我買個甜甜圈，就覺得日子沒那麼糟；也許一輩子都在還房貸，但是家裡偶爾添個新鍋，就能心血來潮炒兩個拿手好菜。

加班很辛苦，日子很辛苦，但心裡沒覺得苦。他們都說人要多見見世面，什麼叫見過世面我不知道，但身邊愛的人都能有條不紊地生活著，就覺得很好。

以前看到過一句話：所謂生活 （人生）啊，別選那個誘惑大的，要選那個你輸了還能玩下去的。

有人愛擦著高級口紅吃櫻桃，有人愛背著奢侈包包環遊世界，出入高級場所，張口閉口就是誰誰誰是我朋友？必須得去大城市才能賺大錢，還是得嫁給有車有房口袋深的人？

但我就是個普通人，見過炸醬麵、陽春麵、紹子麵，也見過小麵、拌麵、炒麵、涼麵，以及油潑麵、燴鍋麵、泡麵，唯獨不清楚什麼是世面，番茄雞蛋麵倒是吃過很多碗。

所謂的世面，不過就是每個人不同的生活構成了這世界的每一面。有些人活得很片面，總拿自己那點淺薄的經驗去揣測別人的人生，然後給別人貼標籤。

2
. . .

多想想怎麼能好好過自己的生活吧，按照妳的節奏就好。

妳會有漂亮的高跟鞋，有大碗的紅燒牛肉麵，有個愛妳、妳也愛的那個人，貓會有的，花會有的，蛋糕也會有的。

別把自己活得那麼應付和彆扭，就算身邊的人都結婚了，妳也別著急。世上有千萬人，有的人塗口紅美極了，有些人塗口紅影響啃豬腳。**別違心地去討好這世界，那樣太累了！**踏踏實實地做好自己，幸運就會降臨了。妳不知道妳認真的樣子有多迷人，有一天，就把愛情拿下了。

不必非得撞破南牆不回頭，南牆下種一些花，勤快地澆水施肥，有一天花開了，蝴蝶小蜜蜂就來了，喜鵲燕子也來了。妳是人間四月天，冰在融化，草在萌芽，妳一笑多美啊。蝴蝶告訴妳，我搧一下翅膀，兩週後就會有龍捲風，像極了愛情；燕子告訴妳，年年春天來這裡，因為這裡的春天最美麗。

有時候妳站在原地，只是可愛了一些，就會有清風明月來告訴妳，妳有多可愛。螢火蟲總會遇見螢火蟲，牠遇見火柴沒用，遇見燈泡沒用，遇見星星也沒用。

妳可以多跟自己相處，瞭解一些未知和有趣的事。

番茄最早生長在南美洲，因為色彩嬌豔，人們對它十分警

惕，視為「狐狸的果實」，又稱狼桃，只供觀賞，不敢品嘗。雞蛋，在土耳其是生育的象徵，如果女生立志不談戀愛、不結婚的話，她就一輩子不吃雞蛋，吃雞蛋的女生則表示她們要婚配，要做媽媽，有趣吧？這些全是小知識啊！

　　有時當妳端起一大碗熱乎的番茄雞蛋麵，妳發現不好吃就是不好吃，加什麼酌料都沒用。有些人的世界裡，可樂就是比紅酒好喝，有些人往大城市衝，有些人去鄉村支援，大家都是第一次過人生，誰的人生是標準答案呢？如果往上看天有多高才叫見過世面，難道往下看地還有多深難道就不算了嗎？何況，還有人往左右看路有多遠呢。

　　盡力、認真、負責地過好自己的一生就好了。

　　妳呀，日常保持小可愛，其他的就見招拆招。生活再艱苦也拿妳也沒辦法，只好對妳撒撒嬌。

年紀大一點，
就不用耳朵談戀愛了

我有超能力，就是超愛你，希望你也有。

1
...

可能年紀大一點，就會現實一點，不再渴求轟轟烈烈的愛情，有那麼一個人，相處不累，就是難得的福分。

已經不會卑微地去取悅一個人。**我滿心歡喜向你奔跑過去，如果你沒有張開懷抱向我走來，那我就會停下來，現在越來越渴望一份不需要那麼費力的愛情了。**更知道拼了命去感動一個人，到最後委屈的不過是自己。何苦呢？

記得有部電視劇說「細節打敗愛情」。仔細想想，戀愛很普通，我們大多數人都一樣，約會也很制式，吃飯、逛街、看電影，但我們不會被劇情設計左右，這一集必須發糖，下一集必須虐心，我們就是維持普普通通心安的日子。

時間久了，好脾氣用完了，越來越煩躁，很容易因為小事吵架，越瞭解一個人越沒有剛認識時的拘謹和害羞，一言不合電話說掛就掛，連一句晚安都懶得應付，訊息回應得越來越慢，一句「累了」、「你忙吧」、「改天吧」，就終止所有對話。突然有一天，對方不理你了。

原來，愛早就被這些細小的事兒給消磨完了。**愛的時候山花遍野，不愛的時候一場秋風吹過，地上乾乾淨淨。**

2
...

有一次我跟一對情侶吃飯，男生點完菜以後，服務員問有什麼忌口？他說不要香菜、不要胡椒粉，女生說不要蔥花。

我說蔥花、香菜多好的配菜，他們倆異口同聲地說：「他（她）不吃。」

後來，我們一起去爬山，男生的口袋裡裝著髮圈和士力架巧克力，爬到半山腰，女生嚷著熱，他很自然地從口袋裡拿出髮圈

給女生紮丸子頭，坐下來休息的時候，遞給她一條士力架，女生假裝生氣地說，幹嘛啊，不怕我變胖。

小事的默契最容易成就愛情。我相信脫口而出的「我愛你」，但我更相信有些疼愛來自生活的小細節。

他看到妳走路的樣子有點奇怪，會關心地問妳：「是不是高跟鞋不舒服？」找個地方坐下來，幫妳揉一下。

他看到妳每個月那幾天總是皺眉、發脾氣，會安慰妳，也會幫妳準備止痛藥。

他看到妳被工作折磨不耐的時候，會坐下來陪妳聊天，他拿得準妳的脾氣，不會在妳生氣的時候講一大堆道理。

如果沒有他，這一切妳也可以自己做，但他是妳願意脆弱的理由。妳哭，是因為妳知道靠著他的懷抱或者肩膀哭完以後，很舒服。

他一定是那個見過妳哭過、頹廢過、狼狽過，所有最醜樣子的人。他愛妳的這一切，妳都會有所回應，而不是默默地享受他的好。

是的，年紀大一點，就不用耳朵談戀愛了，別人對我好，我會加倍對別人好，付出很多，但沒有收穫，我就收手。

戀愛越來越現實，我也只有這一輩子，不能慷慨贈予不愛我的人。

也許，長大一點才知道愛情是什麼樣才舒服，不必猜。發了

簡訊不用等，妳知道當他看到就會回覆妳；看到他跟某人在一起，妳不會誤會、懷疑他，更不會用「愛不愛我」的遊戲來測試他；彼此不會用冷暴力讓對方去猜「弦外之音」，吵架就事論事，生氣歸生氣，一哄就好。

在乎就是在乎，吃醋就是吃醋，吵鬧就是吵鬧。妳知道跟他相處一生也不會累，這就是妳想要的愛情，因為沒有內耗，可以把所有力氣都去抵抗生活本身的刁難，所以逢關過關。妳不必用成年人的客套去和對方相處，明明委屈卻假裝不在乎。

3
. . .

越來越喜歡這種有回應的愛情。

你愛我，我知道；我愛你，你知道，全都表現在生活裡的一個個小細節裡。

下雨，他替妳撐傘，馬路上突然過來一輛車，他眼疾手快，拉妳入懷，車輪濺起的水花都繞過了妳。

他加班，妳不去打擾他，只是靜靜地在他手邊放杯咖啡。他忙到很晚，突然餓了說去吃夜宵，妳陪他去，一路上說說笑笑，妳指著滿天的星星，撒嬌地問他：「哥哥，你會唱小星星嗎？」

沒有所謂轟轟烈烈的大事，都是生活裡你來我往的切磋，妳

會因他而柔軟，也會因他而堅強。有聊不完的話，沉默起來也不尷尬。

我們都在這個忙碌的世界裡奔波，被一個人懂、被一個人愛，這是多麼簡單而幸福的事，值得我們去回應對方的愛和懂得。其實大家都有超能力，愛不愛這種事兒，都清楚。

我有超能力，就是超愛你，希望你也有。

餛飩必須趁熱吃，
但戀愛可以慢慢談

1
...

　　逍遙二路上有一家餛飩店，看著不起眼卻也開了三十多年，店主是一位有些年紀的老太太，人緣好、心好，時至今日，一碗餛飩還是只賣 6 塊錢；另外，她做的微波烤肉、小涼菜也好吃，搭配起來堪稱島城一絕。但這都不是她最拿手的，她最拿手的是幫人找對象。她的店名很有意思，叫「無敵可愛大婚飩」。

　　老太太給人介紹對象，總跟別人不一樣，她還管售後，管你

一輩子。

　　結了婚，要是兩人吵架過不下去，就來找老太太調解，聚也好，散也罷，沒有一對最後成了冤家。有的人發財了想要拋開老婆，來老太太這裡吃一碗餛飩、聊聊天，清湯寡水最養心，然後就明明白白。

　　老太太沒有大數據，不會用電腦，來的人吃一碗餛飩的工夫，她就記住你了，有合適的，老太太就安排你見面，通常三個回合以內就能找到滿意的人。

　　大家都覺得老太太這人神奇，怎麼尋覓大半生都找不到的人，老太太就能輕易幫你找到呢？

　　有一天，老太太要把餛飩店託付給她的女兒經營，她把這些年撮合成的人、現在還在等著撮合的人，厚厚的好幾本冊子，都交到女兒手上。老太太說，人家把一輩子的幸福都交到我的手上，我得保管好啊。

　　可是她女兒不想經營，就問老太太：「妳幹嘛非得撮合兩個人一輩子在一起？」

　　老太太說：「婚姻啊，不是讓兩個有炙熱感情的人一見鍾情，而是讓兩個飽受愛情困擾的人一起找到那麼一點維修生活的樂趣，生活修修補補，就能很快樂。妳要是想找一個完美的人，勸妳就別蹚婚姻這鍋水了，這水啊，煮個餛飩夠味，燒個魚、煲個湯、燉個雞，還差火候呢，很容易熬乾。」

女兒問：「這麼多年我怎麼沒聽妳說起我爸的故事。」

老太太笑著說：「這是一個很奇怪的異地戀的故事。」

2
...

老太太有一只很奇怪的箱子，一邊放著收到的信，一邊放著她沒有寄出去的信，都是厚厚的一疊。

老太太跟女兒說，我跟妳爸談了三十二年的異地戀，每年我們結婚紀念日，他都給我寫了一封信，我也回一封信給他。以前年輕的時候會想這該怎麼熬？但後來有了妳，每當我撐不下去的時候，就看看你爸寫的信。我很想知道，來年的結婚紀念日他給我寫了什麼，就這樣，等著、盼著，一年又一年，我一共看了三十二封信。

我對他，是怎樣的感情呢？

結婚的第二年就有了妳，我們很開心。但同一年，妳爸查出癌症，他說沒關係，見妳一面再走。他等啊等，可是到了預產期，妳都沒有如約而至，他沒有撐住，命運好不公平啊，他也只是想看妳一眼而已。

妳爸躺在病床上時，斷斷續續寫下來三十二封信，他說，妳只准每年看一封，我陪妳活到 99 歲。後來，他身體壞到拿不太

動筆了，我叫他別寫了，他總是笑笑說沒關係。

他是個很浪漫的人，來世上走一趟，什麼也不爭不搶。以前我們在田間割麥子，落日很好看，他就坐在田埂上要我一起看，我氣得不行，大家都在搶收呢，他就拉著我在田埂上跳舞。後來，麥子賣掉了，妳爸就會買一塊好肉給我包餛飩吃，妳爸包的餛飩，我能吃上一大碗。

我也曾經問妳爸：「為什麼是我？」

他笑著說：**「對其他女人，我只想低著頭跟她割麥子，只有妳，我願意放下鐮刀，為妳寫一首詩。」**

他是個很古怪的人，會突然放下鐮刀，拿石子在石板上寫詩，寫完以後就朗誦給我聽。或許他比別人多讀過幾年書，見過更大的世界吧。總是能把那些普通的詞語湊成一首好聽的詩，他總說天底下沒有什麼是普通的詞語，要看它跟哪個詞語放在一起。

我們是透過媒人介紹認識的，第一次見面時有些慌張、有些拘謹，他問我有什麼愛好嗎？我搖搖頭。他笑著說：「那妳現在有了，我朗誦一首詩給你聽。」我愣了一下，就笑了。

後來妳爸也問過我：「為什麼是他？」我說，我喜歡你的自信。

他很疑惑地問：「難道不是才華嗎？」我說對，就是你這種自信。

村裡的人祖祖輩輩都同一個樣子，面朝黃土，春種秋收，我

本以為也會跟他們一樣。可是有一天，有一個人騎著自行車，我坐在他的後車座上，他給我朗誦一首詩，詩裡有田野、星空和鐮刀，但是沒有永遠割不完的麥子。

妳爸走了以後，我帶著妳離開老家，妳爸信上說，不要總是盯著黃土，它能產多少斤麥子呢？妳也要抬頭看看遠方的落日和頭頂的星星。那時候我沒什麼手藝，就擺攤賣餛飩，是妳爸教會我包餛飩的。

這餛飩一包，幾十年過去了，這異地戀一談，就是三十二年。現在，我沒有妳爸爸的回信了，妳說該怎麼辦啊？

老太太的女兒讀完了所有的信。她說：「媽，以後我給妳寫詩、寫信，把我爸寫的所有詩整理好，讀給妳聽。但是妳要教我包餛飩。」

老太太說：「為什麼突然想學了？」

女兒笑著說：「手藝不精的話，會給妳丟人的。」

3
. . .

那天餛飩店主女兒對我們講完這個故事後，我們聊到「愛情到底是什麼？」

她說，是有一個人叫醒了你的靈魂吧。你看，餛飩皮好簡單

的，可是，瘦肉、蝦仁、鮮貝這些餡兒讓它變得味道不一樣了，它有了飽滿的靈魂，在鍋裡游啊遊，然後小蝦皮、小榨菜丁、雞蛋捲絲、小紫菜從天而降，好可愛的一碗餛飩啊！你總會遇見一個人，讓你感慨，人生好可愛。

我說，你知道割麥子有一個竅門嗎？就是彎著腰一直低著頭，割啊割，不抬頭、不直腰，一直割到地的另一頭，割得又快又好。如果你一直腰就完了，越直腰，腰越累，愛情也是如此，那些認准了、用情專一的人，總能把日子過得很可愛。

我愛不愛你，
日久見人心

1
. . .

兒子上幼稚園了。第一天，我跟老婆送他去，有些不捨有些留戀，畢竟朝夕相處從未分開過那麼久，兒子問：「爸爸，下午你會來接我嗎？」我一時不知道該怎麼回答，熱淚盈眶。

兒子終於要開始長大了，終於要在我看不見的地方吃飯睡覺交朋友。我多期望他一如既往地可愛，一如既往地對世界未知，可是他也該知道這世上有風有雪。

有一個陌生的小朋友走過來向他自我介紹：「嗨，你好。」他也會笑著把自己的名字告訴給其他小朋友。他還那麼小，卻突然要獨當一面。

我跟老婆一直憋著情緒，怕情緒失控，直到回到家，看著眼前的一幕幕，小汽車還在沙發上，紅氣球是昨晚剛吹的，積木扔得滿地都是。往事啊，就像是洋蔥炒牛肉一樣撲面而來，眼淚在眼圈裡打轉。

終於，我們憋不住笑出聲，真的是超級開心啊！我跟老婆說：「妳聞聞，這是不是自由的味道啊？！」老婆很認真的配合我，吸氣、吐氣，說：「嗯，對，就是這味，入口柔，一線喉，不上頭。」突然擁有大把時間，我們像是暴發戶，不知道該怎麼打發。老婆說：「要不，我們去看電影吧？」兩張電影票包場，真划算。

2
...

從電影院出來，我說：「好不容易有時間能陪妳看一場電影，我還睡著了。」

老婆說：「我知道你最近很辛苦。」

我說：「妳怎麼知道的？」

老婆說：「你睡覺打呼嚕啊，你的呼嚕聲大小跟你的辛苦成

正比。你日子過得可愛的時候，像是小貓打呼嚕，現在過得很彆扭吧？」

我問：「怎麼了？」

老婆說：「我正看到感人的地方呢，眼淚轉啊轉，你的呼嚕聲起來了，連放映師都嚇一跳，這傢伙，誰呀，是怎麼把拖拉機開進來的。」

我笑了笑說：「有的人結婚，坐在自行車後座上笑；有的人結婚，坐在寶馬車裡哭。妳比他們拉風多了，妳是坐在拖拉機上一會兒笑一會兒哭。」

老婆問：「你覺得結婚對你來說代表什麼？」

我說：「要跑贏生活吧！」

老婆問：「怎麼算跑贏？」

我說：「老婆生孩子以後想要吃麻辣小龍蝦，沒有猶豫；想要買一支喜歡的口紅，沒有猶豫；想要去學點什麼技能，支持。沒有人會嫌棄她沒有工作，她有足夠的安全感陪著孩子。所以啊，妳今天看我在打呼嚕，是因為妳看不見的地方，我在熬夜吧。」

• • •

想起有一天，我回家很晚，老婆坐在沙發上憂心忡忡，她說：

「是不是當了全職媽媽，就很難再回到職場了？」

我問她：「妳想上班？」

老婆說：「看你一個人賺錢很辛苦。」

我抱抱她說：「對不起啊，讓妳擔心了，我還沒把妳放棄的那一份工作收入賺回來。」

老婆說：「你已經很厲害了。」

我說：「是妳厲害，如果妳沒把這個家照顧好，我哪有那麼多精力去工作，是我在孩子面前缺失的時候，妳一個人扛起來這個家的，是妳讓我知道生活有希望。妳看見我調升的那些薪資，其實都是偷偷疊加了妳的功勞。」

老婆問：「為什麼結婚後這麼辛苦？」

我想了想說：「結婚好像把一大杯熱水潑在河流的冰上，年輕氣盛時，覺得 100 度的心暖 0 度的冰是小菜一碟。熱水潑出去確實融化一點冰，然後呢，漫漫長夜，妳也變成了冰的一部分。

別失望啊，再等等，總有一天，我們會一起跟著河流南下。河流湍急，妳就照顧好魚蝦，河流緩慢，妳就陪微風吹來的花瓣玩耍。妳會在大雨傾盆裡跳舞，也會在烈日炎炎裡蒸發，偶爾會懷念，曾是一大杯熱水，泡麵、煮粥、燉雞樣樣在行。雖然，妳現在消失在河流裡，可是，我一眼就能看見了你。」

老婆說：「你看見了，還不跑過來親我一下？」

我說：「我忙著呢。」

老婆說：「有多忙，騰不出嘴嗎？」

我說：「還真是。」

老婆說：「那你剛才還道理一堆一堆的，什麼冰是睡著的水，熱水是打呼嚕的冰，有這工夫，早親八百回合了。」

對於這種無理取鬧的女人，只能以親服人。我抱抱老婆，親了她一下，問：「那妳現在還覺得結婚辛苦嗎？」

她突然就哭了：「原來所有的辛苦都值得啊！」

哪有什麼值不值得，我們不過就是普通人努力過把日子過好而已，辛苦或者甜蜜，都是活著的樣子，所以累的時候就是想要抱一抱親一親，就是希望不管長多大，依然是那個想獨得雞腿的孩子，就是想被偏愛，就是想所有的委屈一下子被讀懂，那一刻才能有底氣說：「所有的辛苦，我認」。

結婚這幾年我好像突然懂了一件事，一個覺得婚姻辛苦的人，她可能早就離開婚姻，而那個嘴上說著婚姻好辛苦的人，她不是在訴苦，而是在渴望愛，然後，繼續在日復一日平凡的生活裡得到愛。

成年人對愛的渴求，不像貓那樣黏人，倒像是陽臺上養的一盆多肉，想起來，澆點水曬曬太陽，它就活得很顯眼。可是，你不能忘了你有一盆多肉，它獨自在美麗地生長著，它希望你偶爾摸摸它的肉瓣，偶爾誇誇它又多了一個肉瓣。有一天，它開花了，好漂亮啊！

童話小劇場 II

——

我瞞著所有人，一直在愛你

小白兔和小刺蝟分手了。以前所有的小動物都以為他們會結婚的。

小白兔獲得了 10 公里越野冠軍。

小刺蝟獲得了滾球大賽最佳滾手。

小白兔以為小刺蝟會在終點給她一杯鮮榨胡蘿蔔汁。小刺蝟以為小白兔會在觀眾台舉著應援牌大喊加油。然後，他們就分手了。

所有的分手理由，都不是分手的原因，只是雙
方當時都能接受的理由而已。河堤不是被秋天
的夜雨衝垮的，是因為小螞蟻在堤壩下安了家。

就因為這事分手，
不值得吧。

如果分手一定會後悔的。

幹嘛要後悔呢？

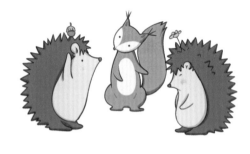

小松鼠給他介紹了好幾個女朋友，
他都笑著拒絕了。

小刺蝟開了一家堅果店，
生意越來越好。
後來，滾球大賽邀請他，
他再也沒有參加過。

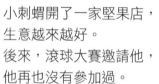

別讓我看見她，
否則見她一次，
我就，我就，我
就愛她一次。

你想跟小白兔
復合嗎？

說完這句話，小刺蝟眼圈紅紅的。
但是，小白兔早就嫁給了小灰兔。

小白兔還是努力參加越野比賽,掙錢養家。

小灰兔在森林裡推著小車賣胡蘿蔔,日子過得普通。

小刺蝟每次都偷偷躲在角落,看小白兔參加越野比賽,
每一次小白兔贏了,他就關店不營業,因為他比小白兔更開心。

有一次，小白兔在衝刺時，被別人故意撞倒了，在地上滾了好幾圈，撞在了看板上，腿流血了。

小刺蝟衝上去，抱起小白兔就去了醫院。

醫生跟小白兔說，你以後恐怕不能再參加這種高強度的越野比賽了。

沒事的，老婆，我可以養你。

小刺蝟看著小白兔,他曾經以為小白兔一定會後悔和他分手的,可是她沒有。
她寧願住在下雨漏水的兔子洞裡;她寧願懷孕挺著大肚子在雪地裡跟著老公
賣胡蘿蔔;她寧願不停地跑,努力去掙那一點獎金,因為她很開心。

小刺蝟終於明白,這輩子無論他開多少家堅果連鎖店,住多大的房子,掙再
多的錢,努力讓自己更成功,她也不愛你了,她連眼角餘光都沒有看到你。
你想讓她後悔當初離開你,但她早就找到自己的幸福了。

小刺蝟在小白兔的朋友圈裡，看到小白兔一家三口的照片，笑得那麼開心，原來關於幸福、安全感，每個人理解的都不一樣，而有些分開，就是彼此不合適。

你以為分開以後，只要拼了命努力，只要榮華富貴了，她就會後悔當初沒有跟你在一起。但一切都只是你的猜想，如果當初在一起時候你盡了全力，就不會失去她。有些旋律，一個拍子跟不上，後面就成不了一首曲了。你想讓她後悔，但這有多可笑啊，她頭也不回，你還在努力讓她多看你一眼，甚至負氣地活著。

為什麼你們會分開？你給不了的，她在另一個地方得到了，無論是什麼。

你要去旅行嗎？

嗯，可能不回來了。

小刺蝟關了店，準備離開這片森林了，他打包了
行李，站在堅果店門口，小白兔剛好路過。

那以後是不是就
再也見不到了。

對啊，別讓我看見你，
否則，見你一次，愛你一次。

小刺蝟轉過身，
哭了。

你哪會知道，
我瞞著所有人，
還在偷偷愛你。

小刺蝟去了一片新森林，
這裡老虎很好說話，小狐狸會跳舞，
大象定期開演唱會，長頸鹿的脖子當溜滑梯，
好像每一隻動物都不錯。

無尾熊小姐已經向他表白三次了。

你怎麼那麼固執？

我可以一直等你，等你
有一天愛上我。

無尾熊拉著小刺蝟去坐船，她說，十年修得同船渡。
感人吧？十年是多長的緣分啊。可是，你誤以為要共度一生的那個人，
不過就是一個船夫，他只是幫你渡河，你上了岸，就得揮手告別。

我已經沒有力氣再
去愛其他人了。

無尾熊把小刺蝟脖子上戴著的胡蘿蔔項鍊扯了下來，
當著小刺蝟的面扔入了河裡。

無尾熊不說話，用一支筆在船上做記號。

無尾熊說，你就是那個刻舟求劍的傻子，還在癡情什麼啊？！最討厭你這種人了，擁有的時候不珍惜，失去了才裝情聖，有本事就去把她搶回來啊！你不敢是因為你沒本事讓她再愛你了。逃避什麼？是替過去的自己贖罪嗎？你能不能清醒點，別再做這些自己感動自己的傻事了。

你是不是傻？船在往前走，早就不是扔項鍊的地方了。

小刺蝟說，那個胡蘿蔔項鍊是她第一次得到冠軍的獎品，她跑起來的樣子呼呼帶風，很可愛。她說當我得到第 10 個冠軍，我們就結婚好嗎？她一直努力地跑著、跑著，10公里，又 10 公里，好遠、好累，可惜我那時候不懂，她要的是陪伴，才能跑得更長、更久。

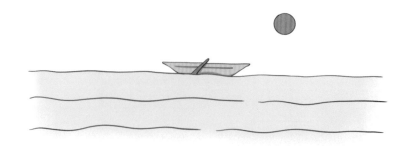

船慢慢地走遠，靠了岸，小刺蝟和無尾熊上了岸，小刺蝟回頭看，那一條船又駛向河的對岸了。你以為的一生摯愛，回到人群裡，也只是陌生人罷了！

國家圖書館出版品預行編目 (CIP) 資料

愛，未完待續 / 柒個先生著 . -- 初版 . -- 新北市：幸福文化
出版社出版：遠足文化事業股份有限公司發行，2023.05
ISBN 978-626-7311-21-9(平裝)

1.CST: 戀愛 2.CST: 婚姻 3.CST: 兩性關係

544.37   112007266

愛，未完待續

作　　者：柒個先生
責　　編：黃佳燕
文字修潤：楊心怡
封面設計：Bianco_Tsai
內頁編排：王氏研創藝術有限公司

總 編 輯：林麗文
副 總 編：梁淑玲、黃佳燕
主　　編：高佩琳、賴秉薇、蕭歆儀
社群總監：祝子慧
行銷企畫：林彥伶、朱妍靜

社　　長：郭重興
發 行 人：曾大福
出　　版：幸福文化／遠足文化事業股份有限公司
地　　址：231 新北市新店區民權路 108-3 號 8 樓
網　　址：https://www.facebook.com/happinessbookrep/
電　　話：(02) 2218-1417
傳　　真：(02) 2218-8057
發　　行：遠足文化事業股份有限公司
地　　址：231 新北市新店區民權路 108-2 號 9 樓
電　　話：(02) 2218-1417
傳　　真：(02) 2218-1142
電　　郵：service@bookrep.com.tw
郵撥帳號：19504465
客服電話：0800-221-029
網　　址：www.bookrep.com.tw

法律顧問：華洋法律事務所　蘇文生律師
印　　刷：通南印刷有限公司
初版一刷：2023 年 06 月
定　　價：380 元